文芸社セレクション

「核なき世界平和」を叫び続ける
教皇フランシスコ

山内 清海

YAMAUCHI Kiyomi

文芸社

目次

第一章　訪日中の教皇フランシスコの核兵器廃絶訴えの真意

二〇一九年十一月二十三日夜から二十六日まで、日本全土は、教皇ヨハネ・パウロ二世の最初の日本訪問以来三十八年ぶりの現役教皇の来日とあって、歓迎と歓喜の一色に湧きました。教皇は東京到着の直後、東京・ローマ教皇庁大使館において（二十三日）、日本司教団との会合で、ご自分の日本への司牧訪問の目的について、次のように語っておられます。

「この司牧訪問は、『すべてのいのちを守るため』というモットーに特徴づけられています。これは、わたしたち司教の奉仕職というものをよく表しています。司教とは、主によってその民の中から呼び出され、すべてのいのちを守ることのできる牧者として民に任される者です。このことは、わたしが目指すべき現場をある程度決定してくれます」（『すべてのいのちを守るため』、教皇フランシスコ訪日講話集、カトリック中央協議会編・訳、12頁。なお本章における教皇フランシスコの言葉の引用は、特別な指摘がないかぎり、同「講話集」からです）

しかし教皇は、彼の本質的な任務であるこの「司牧訪問」の目的の具体化として、ではなぜこの日本を選ばれたのかについては、学生時代からの日本への憧れだけではなく、日本の教会に格別な使命感を自覚させ、覚醒させるためでもありました。教皇は、次のように述べています。
「日本の教会は小さく、カトリック信者が少数派であることを知っています。しかしそれが、皆さんの福音宣教の熱意を冷ますようではいけません。日本に固有の状況において、人々に示すべきもっとも強く明白なことばは、普段の生活の中でのつつましいあかしと、他の宗教的伝統との対話です。日本のカトリック信者の半数以上を占める多数の外国人労働者を親切に受け入れ世話をすることは、日本の社会の中で福音のあかしとなるだけではなく、教会があらゆる人に開かれていることの証明にもなります。……
　殉教者の教会は、より自由に話すことができます。とくに、この世界の平和と正義という緊急の課題に取り組む際にはなおさらそうです。わたしは明日、長崎と広島を訪問し、この二つの町の被爆者のために祈ります。そして核兵器廃絶を求める皆さん自身の預言的呼びかけに、わたしも声を重ねます。人類史上に残るあの悲劇の傷に今なお苦しんでいる人々、また『地震、津波、原発事故という三重の被害』の犠牲者の皆さんにもお会いしたいと思っています。……」（13―14頁）
　以上は、「いのちを守る使命」をおびておられる教皇が、日本訪問の目的について語られた箇所の抜粋です。彼は「日本の共同体にも」、「一部の人々のいのちを脅かす、さまざまな厄介なことがある」（右同）ことも承知の上で、「いのちを守るための」牧者の使命を果たすために、この日本を訪問国として選ばれたことが明白です。その中でも教皇はとくに、被爆地の広島、長崎をはじめ、地震、津波、原発の三重の被害に苦しむ多くの人々のことを念頭においておられます。

しかし教皇の来日の最大の目的は、世界の人々に向けて、「核兵器の廃絶」を宣言するためでした。そして彼の「核兵器廃絶」の訴えは、最初の訪問地である長崎市の爆心地公園でなされました。

本著でわたしたちは、講演の内容を、教皇が日本滞在中に、「核兵器廃絶」について発言された言葉を拾いながら、その真意について考察し、ついでこのような教皇の呼びかけに応えるために、わたしたちは具体的に何を為すべきかについて、皆さんと一緒に探究したいと願っています。

そこでわたしは今日の講演で、まず「教皇の『核兵器廃絶』の訴え」についての発言を回顧し、次いで彼の訴えが、日本人にどのように受け止められたかについて反省し、そして三番目に、教皇の「『核廃絶』の訴えの真意」が何だったかを吟味し、最後に、「教皇の呼びかけに応えるために、わたしたちは何をすべきか」について、以上の四点を柱として話を進める予定です。

Ⅰ　「核兵器廃絶」についての教皇フランシスコの訴え

1　長崎爆心地公園にて

まずは、来日された教皇が、世界の人々が待ち焦がれていた「核兵器廃絶」の第一声を発せられた長崎爆心地公園での発言からご紹介しましょう。

「いのちを守る」神的使命を課せられていると自称する教皇が、現代に生きるわたしたちの大切ないのちを脅かす最大の危機として訴えていることは、日進月歩の勢いで、しかも留まるところを知らないほどに発展の一途を遂げている核兵器の製造と、その保有ではないでしょうか。世界のカトリック教会の頂点に就任して以来、いつも「世界平和」を訴え続けられた教皇フランシスコが、この大問題を見逃すはずがありません。しかも彼はこのたび、世界唯一の被爆国日本の、しかも原爆が実際に投下された長崎の現地に立っているのですから、それはまさに「千載一遇のチャンス到来」と言える時でした。

まず、教皇が長崎市の原爆投下地の爆心地公園で発せられた「核兵器廃絶」についての第一声から聞きましょう。彼は、現地での一連の儀式のあと、いよいよ世界の人々に向けて、次のように語りかけられました。教皇はまず、軍備の製造、維持、そしてその拡張競争は、平和と安定の中で生きたいと願う人間の本性的願望を完全に崩壊するばかりではなく、神に反するテロ行為だと、次のような厳しい言葉を言い放ちました。

「この地、核兵器が人道的にも環境にも悲劇的な結果をもたらすことの証人であるこの町では、軍備拡張競争に反対する声を上げる努力がつねに必要です。軍備拡張競争は、貴重な資源の無駄遣いです。本来それは、人々の全人的発展と自然環境の保全に使われるべきものです。今日の世界では、何百万という子どもや家族が、人間以下の生活を強いられているにもかかわらず、武器の製造、改良、維持、商いに財が費やされ、築かれ、日ごと武器は、いっそう破壊的になっています。これらは天に対する絶え間ないテロ行為です」（18頁）

このままでは、人類の普遍的な願望である「核兵器から解放された平和な世界」の実現など望むべくもありません。しかし、断じてそうであってはなりません。そこで教皇はすべての人々に協力的参加を呼びかけ、次のように発言されています。

「この理想（核兵器なき平和な世界）を実現するには、すべての人の参加が必要です。個々人、宗教団体、市民社会、核兵器保有国も非保有国も、軍隊も民間も、国際機関もそうです。核兵器の脅威に対して、一致団結して応じなくてはなりません」（19頁）

そしてフランシスコ教皇は、一九六三年、故ヨハネ二十三世教皇の、有名な回勅『パーチェム・イン・テーリス』で、世界の平和のために、核兵器の禁止を世界に向けて訴えながらも、同時にこれに加えて、「軍備の均等が平和の条件であるという理解を、真の平和は相互の信頼の上にしか構築できないという原則に置き換える必要があります」、という指摘も紹介しています。そして教皇は、「このところ拡大しつつある、不信の風潮を壊さなくてはなりません。その風潮によって核兵器使用を制限する国際的な枠組が崩壊する危険があるからです。わたしたちは、多国間主義の衰退を目の当たりにしています。それは、兵器の技術革新にあたってさらに危険なことです。この指摘は、相互の結びつきが顕著な現今の情勢から見ると的を射ていないように見えるかもしれませんが、あらゆる国の指導者が緊急に注意を払うだけではなく、力を注ぎ込むべき状況を示しているのです」(右同)、とも勧告しています。

しかし人々は、これだけ核兵器が一般化された現在、核兵器廃絶など叫んでも、今さらそのようなことを実現することは不可能だ、と言う人々も少なくはありません。そこで教皇は、世界の政治的指導者たちに、核兵器廃絶の可能性を確信して努力し続けるようにと、故パウロ六世教皇が、一九六七年に発布された回勅『ポプロールム・プログレッシオ』での発言を引用しながら、次のように主張しています。

「核兵器のない世界が可能であり必要であるという確信をもって、政治をつかさどる指導者たちにお願いします。核兵器は、今日の国際的また国家の安全保障に対する脅威からわたしたちを守ってくれるものではない、それを忘れないでください。人道的および環境の観点から、核兵器の使用がもたらす破壊的な影響を考えなくてはなりません。核の理論によってあおられる、恐れ、不信、敵意の空気の増幅を止めなければなりません。今の地球の状態から見ると、その資源がどのように使われるのかを真剣に考察することが必要です。複雑で困難な、持続可能な開発のための二〇三〇アジェンダの達成、すなわち人類の全人的発展という目的を達成するためにも、真剣に考察しなければなりません。一九六四年に、すでに教皇パウロ六世は、防衛費の一部から世界基金を創設し、貧しい人々の援助に充てることを提案しています」（一九六七年回勅『ポプロールム・プログレッシオ』、51番参照）

2 「平和のための集い」（広島の平和記念公園において）

長崎県営野球場での荘厳な野外ミサの後、東京に向かわれた教皇は、途中広島に立ち寄られた広島平和祈念公園で、ただ一発の原爆によって、それこそまさに一瞬にして破壊と死のブラックホールに飲み込まれ、今や恐ろしい沈黙の底知れぬ深い淵から、悲しみと悔しさの声を叫びつづけているであろう大勢の犠牲者たちを代弁して、次のように哀悼の言葉を述べた後、核兵器廃絶についても、直接に次のように言及しています。

「確信をもって、あらためて申し上げます。戦争のために原子力を使用することは、現代においては、これまで以上に犯罪とされます。人類とその尊厳に反するだけではなく、わたしたちの共通の家の未来におけるあらゆる可能性に反する犯罪です。原子力の戦争目的の使用は、倫理に反します。核兵器の保有は、それ自体が倫理に反しています。それは、わたしがすでに二年前に述べた通りです。これについて、わたしたちは、裁きを受けることになります。次の世代の人々が、わたしたちの失態を裁く裁判官として立ち上がるでしょう。平和について話すだけで、国と国の間で何の行動も起こさなかったと。戦争のための最新鋭で、すさまじい兵器を製造しながら、平和について話すことなどどうしてできるでしょうか。差別と憎悪のスピーチで、あのだれもが知る偽りの行動を正当化しておきながら、どうして平和について話せるでしょうか」（35頁）

そしてフランシスコ教皇は、再び、先任者のヨハネ二十三世教皇の回勅、『地上に平和を』から、他の一節を引用しながら、「平和は、それが真理を基盤としていないなら、正義に従って築かれないなら、愛によって息づき完成されないなら、自由において形成されないなら、単なる『発せられることば』に過ぎなくなる。わたしはそう確信しています」（右同）と結論しています。

フランシスコ教皇は、彼が尊敬してやまないヨハネ二十三世教皇が、一九六五年に国連で行ったスピーチから、「より正義にかなう安全な社会を築きたいと真に望むならば、武器を手放さなければなりません。『武器を手にしたまま、愛することはできません』、という先任者の言葉を借用しながら、「武力の論理に屈して対話から遠ざかってしまえば、武器は、それが犠牲者と廃墟を生み出す前にすら悪夢をもたらしうることを、悲しくも忘れてしまうのです。武器は『膨大な出費を要し、連帯を推し進める企画や有益な作業計画が渋り、民の心理を台無しにします』。紛争の正当な解決策として、核戦争の脅威による脅しをちらつかせながら、どうして平和を提案できるでしょうか。この苦しみの深淵が、決して越えてはならない一線に気づかせてくれますように。『真の平和とは、非武装の平和以外にありえません。それに『平和は単に戦争がないことではなく、…たえず建設されるべきもの』（『現憲』78参照）です。それは正義の結果であり、発展の結果、連帯の結果であり、わたしたちの共通の家の世話の結果、共通善を促進した結果生まれるものなのです。わたしたちは歴史から学ばなければなりません」（36－37頁参照）、と結論しています。

3　東京において（要人および外交団との集い）

教皇は十一月二十五日、総理官邸で、内閣総理大臣、政府高官、および外交官などと会談されましたが、そこでも彼は次のように発言しています。

「もう二度と、人類の歴史において、広島と長崎に投下された原爆によってもたらされた破壊が繰り返されないよう、阻止するために必要なあらゆる仲介を推し進めてください。

民族間、国家間の紛争は、そのもっとも深刻なケースにおいてさえ、対話によってのみ有効な解決を見出せること、そして対話こそ、人間にとってふさわしく、恒久的平和を保証する唯一の手段だということを歴史が教えています。核の問題は、多国間のレベルで取り組むべきものだと確信しています。すなわち、政治的、制度的プロセスを促進することで、コンセンサスと、より広範な国際的行動を創造することができるからです」（右同80頁）

ここでわたしが最も期待していたことは、教皇と安倍総理との、いわば一対一の個別的対談でした。そこで、日本がなぜ世界核兵器禁止法の採決に欠席したのか、その理由が総理の口から説明されるだろうと、かすかな期待を抱いていたからです。しかし安倍総理と教皇の個別会談については、少なくとも『すべてのいのちを守るため』には何も収められていません。これは恐らく、この集いの冒頭の挨拶で総理が言及した、「日本は核禁止法の成立に積極的貢献する」、という予防線が功を奏したためではなかったかとも推測されますが、しかしこれはわたしの素人的推測の域を出ないことをお断りしておきます。いずれにせよこの場では、核兵器廃絶について、少なくとも二人の間で直接的には話し合わなかったようです。それは「安倍総理の作戦勝ち」というべきか、あるいは教皇の外交的手段というべきかは分かりませんが、いずれにせよそこで対話のテーマとなったのは、生命の尊さの観点からでしょうか、「死刑廃止」と「環境問題」などが主だったようでした。

4　帰途の航空機内での記者会見で

日本訪問を終えてローマへの帰途の旅につかれた教皇は、機内での記者会見にも応じ、記者たちから提示されたいろいろな問題に答えていますが、朝日新聞の記者である河原田慎一氏は、日本人のわたしたちには実に時宜に適った、次のような質問をしています。河原田記者の質問は次のようでした。

「いみじくもご指摘なさったように、永続的平和は軍備撤廃なしには達成できません。日本は、米国の核の傘を享受しており、同時に、核のエネルギー生産国でもあります。核エネルギーは、痛ましくも福島での事故によって証明された通り、環境と人類に対する脅威を含むものです。日本はいかにして、世界平和に貢献できるでしょうか。原子力発電所は停止すべきでしょうか」

このように、あまりにも現実的な質問に、教皇は問題を分析して、その一つひとつに答えていますが、ここでは、問題を原子力産業の保有にだけしぼって、彼の考えをご紹介しましょう。教皇は次のように答えておられます。

「事故はいつだって起きうるものです。皆さんが経験されたように、大きな被害を引き起こした三重災害ということだってありえます。核エネルギーは極限のものです。兵器に利用してはなりません。利用すれば破滅だからです。まったくもって、核エネルギーの利用は限定的なものです。完全な安全性を確保できていないからです。こうおっしゃるかもしれません。『ええ、ですが他の発電手段であっても、安全性が欠けていれば災害は起こり得ます』ですがそれは、壊滅には至らない災害です。これは個人的な見解ですが、使用上の完全な安全性が確証されるまで、核エネルギーは用いるべきではないでしょう。もっともわたしは、この分野の専門家ではありませんから、一つのアイデアを申し上げたにすぎません。核エネルギーは被造物の保護とは相いれず、それを破壊するので、使用をやめるべきだという人もおられます。なお議論の最中です。わたしは安全性について論じたいと思います。大惨事を食い止める安全性が確保できていないのです。世界で十年に一度の災害であっても、被造界に大きな影響を及ぼすのです。核エネルギーによる、被造界に対する、そして人間に対する災害です」(95‐96頁参照)

Ⅱ　教皇の「核兵器廃絶」の訴えは、日本人にどのように受けとられたか

　以上わたしは、来日された教皇が、世界に向けて叫び続けられた核兵器廃絶についての訴えを、断片的ではありましたが紹介しました。しかしこのような教皇の訴えは、日本人にはどのように受け止められたのでしょうか。これが、今からわたしたちが検討しなければならない新しい問題です。

　教皇の日本での歓迎ぶりは、わたしたちの想像をはるかに超えるものでした。全人口の約０・５パーセント前後のカトリック信徒しかいない日本で、十二億の信徒数を有するカトリック教会の頂点に立つ教皇が、これほど歓迎される様子を見ただけで、世界の人々はきっと驚いたでしょう。しかしこのようなマスコミの報道だけで、教皇への歓迎の放送がそのまま、日本人に正しく理解され、受け入れられたとも言えないようです。

　教皇がお帰りなってから、彼のメッセージを理解するための研修会が、長崎市内でも方々で行われましたし、その内の二、三の会合には、わたしも招待されて行きました。カトリック教会とは無関係で、全くの一般的、民間的レベルでの研究会や会合などが催され、真剣に論じられたことは、まことに喜ばしいかぎりではありましたが、しかし同時に

わたしは、彼らはまだ教皇の来日と、その期間に発言されたメッセージの真意をよく理解されていないのではないか、という一抹の不安をも払拭できませんでした。だからわたしは、ここでしばらく、日本の人々が、教皇のメッセージをどのように理解し、どのように受け止めているかについて再検討し、ついでわたしたちの立場から、教皇のメッセージの真意について考察することにしましょう。

1　日本カトリック司教団

教皇の核兵器廃絶の呼びかけに、先ず諸手をあげて賛同の意を表したのは、かねてから種々の方法で核兵器廃絶を訴えていた日本カトリック司教団でした。日本カトリック司教団は早速、二〇一九年度第二回臨時司教会議を開き、教皇の教えをどのように実践するかについて協議するとともに、日本政府には、核兵器禁止条約への署名と批准を求める要望書の提出を決議し、後日、菊池東京大司教が代表として、この要望書を日本政府の外務省に直接届けています。日本政府がどのように応えたかについてわたしは何も知りませんが、たとえ小さな共同体からではあっても、司教団からのこのような要請は続けるべきだ、と思います。核兵器廃絶の問題は、七十五年前に、世界で初めて体験した被爆国としての悲惨さを体験しているからだけではなく、教皇が、日本に到着された夜、東京・ローマ教皇庁大使館での日本司教団との会合でも言われたように、日本のカトリック教会は、たとえ小さなグループであっても、核戦争の遠因ともなりえる日本独特の問題、たとえば他の諸宗教との対話、日本のカトリック信者の半数以上を占めています外国人労働者の受け入れ問題などを抱えており、そのような問題の解決は、現代社会に大きな証しとなるからです。

2　教皇の核廃絶論を非現実的だとして軽視する人々

教皇の「核兵器廃絶」論について、これに正面から反対する人は、恐らく一人もいないと思います。しかしそれでも、もう一歩、盛り上がりに欠けているように思えるのは、教皇の核兵器廃絶論を、論理的には正しいと認めながらも、しかし「現実的ではない」、と考える人々が多いからではないでしょうか。彼らは異口同音に、「教皇の核廃絶論」は、「理想論として立派でも、あまりにも非現実的だ」として、排斥しないまでも、あまり積極的には賛同しません。現実に対応できてこそ、その手段は正しく評価されるべきですが、しかし核兵器の現実的状況を見ると、たとえば世界ではすでにアメリカ、ロシア、中国などの軍事大国はもちろんのこと、北朝鮮を含む多くの国々までもがすでに核武装していたり、あるいは「核保有国」と自称し、世界を脅かしています。さらに最近では宇宙戦争についてさえ公的に議論されるようになり、アメリカではすでに宇宙航空隊が組織されて、ロシアや中国の宇宙からの攻撃に対処しているとも噂されています。

このような時代に、核兵器廃絶を叫ぶことは、あまりにも「非現実的」で、「時代遅れな考え」だとして、これに拒否的な態度を取る人々も、決して少なくはないようです。それは第二次世界大戦の末期に、すでに原子爆弾を用意して、日本本土の攻撃を狙っていたアメリカに対して、家庭を守る婦人たちや、軍隊に召集されない病人や老人を中心に組織された「竹槍軍団」で立ち向かおうとしていた、かつての日本を思い出し、これを嘲笑う人さえいるかも知れません。

しかしだからといって、核兵器廃絶の叫びを止めることは、それは最終的には「宇宙の崩壊」、「人類の完全な破滅」を意味することになります。もちろん現実を確実に認識した上で、それに対応する手段を講じるべきことは当然です。しかしわたしたちは、いつもこの現実を見直す努力をも怠ってはなりません。現実の原因を深く掘り下げることによって、もっと正しい矯正の手段が見出されることもありえるからです。ここで核兵器の装備を絶対視して、その廃絶への努力を中止するならば、わたしたちはすべてを諦めることになり、人類の滅亡を受諾することにもなります。人類がこのように愚かな選択をしていいはずはないでしょう。これこそ、人間を「万物の霊長」として創造された神の意図に反することです。教皇はだから、核兵器の使用を、「神の計画に対するテロ行為だ」、とさえ公言しているのです。

たとえ世界中で、核兵器廃絶を提唱する人々のことを、「時代遅れ」、「世間知らず」などと嘲笑われても、わたしたちはこれに屈してはなりません。たしかに多数決は民主主義の大原則です。しかしこの多数決は決して、真偽判断の最終的基準ではありません。

永井隆博士は、明日のいのちも知れない日々を、貧しい、小さな如己堂で、二人の子供たちと暮らしていましたが、その間彼は、二人への遺言ともいえる名著、『この子を残して』を書き残しています。そして彼は二人の子どもたちに、「たとえ世界中の人々に反対され、馬鹿呼ばわりされても、お前たち二人は最後まで、『戦争反対』を繰り返しなさい」と諭しています。

3　長崎県営野球場でのミサ説教より

このような批判は教皇ご自身もよくご存じだったのではないでしょうか。彼は、長崎訪問の午後、県営野球場でのミサの説教で、この問題に触れておられるように思います。

当日は、カトリック典礼暦では、年間最後の日曜日（C年）、「王であるキリストの祭日」でしたから、福音は『ルカによる福音』（23・35－43）でした。そこには十字架上に磔《はりつけ》にされている「イエスに対する人々の嘲笑」（35－38）と、「犯罪人の回心」（39－43）についての二つの大切な聖書的事実が明記されていますが、教皇はこの二つの出来事を見事に調和的に展開させながら、話を進めておられます（28－32頁参照）。

全身傷だらけの最悪の状態で、十字架上で悶え苦しんでおられるイエスを見て、嘲りながら立ち去る人々もいました。議員たちは「あの男は、他人を救った。もし神のメシアで、選ばれた者なら、自分を救うがよい」と嘲っていましたし、兵士たちはイエスに近寄って、酸いぶどう酒を差し出し、なぶりものにして、「もしお前がユダヤ人の王なら、自分を救ってみろ」と嘲っていました。しかもイエスの頭の上には、皮肉たっぷりに、「これはユダヤ人の王」と記された札がかけられていました。

このように変わり果てたイエスに、かつて感動的な説教で民衆を魅了し、多くの奇跡によって人々に歓喜と感動を与え、「苦労し、重荷を負っている者はみな、わたしのもとに来なさい。休ませてあげよう」（マタ11・28）、と民衆に呼びかけておられた、あの優しさと威厳に満ちておられたイエスのお姿など、今や見る影もありません。今イエスは、針一本持たない裸の死刑囚にすぎません。「四面楚歌」とは、イエスが体験されたこのような状態を表現しているのでしょうか。

しかしここに突如、イエスに味方する一人の人物が現れました。その人は、イエスとともに、十字架にかけられていた一人の盗賊でした。彼は、このようなイエスを神と認め、「イエスよ、あなたがみ国に入られる時、わたしを思い出してください」と、嘆願します。するとイエスは彼に、「あなたは今日わたしと一緒に楽園にいる」（ルカ23・43）、とお答えになっておられます。

かつての盗賊の暗い過去は、一瞬にして新たな意味を得たかのようです。今や彼は、主の苦悶にすぐそばで寄り添っているからです。

それまでカルワリオ、それは無秩序と不正義の場、無力と無理解が、罪なき者の死を前に茶化す者たちの無関心と、自己正当化のささやきや、陰口などが重なる場でした。それが、この悔い改めた盗賊の姿勢によって、全人類にとっての希望へと変わるのです。苦しむ罪なき人に対しての自分自身を救え、という嘲りやわめき声は、最後の言葉になりませんでした。そして教皇は、次のように結論しています。

「あの日、カルワリオでは、多くの人が口を閉ざしていました。他の大勢は嘲笑し、盗賊の声だけがそれに逆らって、苦しむ罪なき方を擁護できたのです。それは、勇気ある信仰告白です。わたしたち一人ひとりの決断にかかっています。沈黙か、嘲笑か、あるいは告げ知らせるか。親愛なる兄弟姉妹の皆さん。長崎はその魂に、いやしがたい傷を負っています。その傷は、多くの罪なき者の、筆舌に尽くしがたい苦しみによるしるしです。過去の戦争で踏みにじられた犠牲者、そして今日もなお、さまざまな場所で起きている第三次世界大戦によって苦しんでいる犠牲者です。今ここで、共同の祈りをもって、わたしたちも声を上げましょう。今日、この恐ろしい罪を、身をもって苦しんでいるすべての人のため、そして、あの悔い改めた盗賊のように、黙りも嘲笑もせず、むしろ、自ら声を上げ、真理と正義、聖性と恵み、愛と平和のみ国を告げ知らせる者が、もっともっと増えるよう願いましょう」（32頁）

ずいぶん古い話になりますが、すでに五十年ほど前にわたしは、ある雑誌の依頼を受けて、当時盛んに論じられていた「人工妊娠中絶」を批判する記事を連載したことがありました。当時ローマ教皇はパウロ六世の時代でしたが、ご存じのように彼はその任期中に、『ウマネ・ヴィテ』（Humanae vitae）という回勅を出して、人工妊娠中絶を厳しく咎めていましたので、わたしも記事で、パウロ六世の教説にふれ、彼を弁護したわけです。わたしの記事については、もちろんこれを批判的に読んだ読者もいました。残念ながらわたしの手元には、その時の資料は残っていませんが、記憶を辿りますと、わたしと、反対意見の読者との間で交わされた論点は、次のようだったと思います。

まずわたしの記事に反対する読者はもちろん、人工妊娠中絶の賛成派ですから、彼の論点をまとめますと、「わたしたちは子どもたちと一緒に、静かに昼寝でもしようと布団に横たわっているのに、あなた方は、スピーカーの声量を最大にして、『反対、反対』と連呼している。煩くて、煩くて…少しゆっくり寝かしてもらえませんか。……なぜあなたがたの頭である教皇は、これほどうるさく反対を叫ぶのですか」、という内容だったと思います。

わたしが彼に送った返信の内容は、まだより明白にわたしの脳裏に残っています。わたしは確かに次のような内容の返信を書き送った、と記憶しています。

「教皇があれほど、『人工妊娠中絶』の非を厳しく咎めるのは、そのような行為が、神の掟に背くからです。この掟が、自己防衛のためか、あるいは選挙運動の演説のように、党利党略の宣伝であるならば、人々に嫌われるようなことや、あるいは明らかに拒否されるようなことには言及しないでしょう。しかし教皇は、神の代理者ですから、神の教えをそのまま語らざるをえないのです」

今から約二千年前、使徒パウロも、宣教先のコリントで、同じように厳しい非難にさらされました。このような非難に対してパウロは、次のように答えています。

「兄弟たち、わたしはそちらに行った時、神の秘められた計画を宣べ伝えるのに優れた言葉や知恵を用いませんでした。なぜなら、わたしはあなたがたの間で、イエス・キリスト、それも十字架につけられたキリスト以外、何も知るまいと心にきめていたからです。そちらに行った時、わたしは衰弱していて、怖れに取りつかれ、ひどく不安でした。わたしの言葉もわたしの宣教も、知恵にあふれた言葉によらず、〝霊〟と力の証明によるものでした。それは、あなたがたが人の知恵によってではなく、神の力によって信じるようになるためでした」（Ⅰコリ2・1－5）

パウロ六世教皇は、神に尊いいのちをさずかった胎児たちが、一度も日の目を見ることなく、愚かな詭弁の応援によって、次から次へと闇に葬られ、汚水のように流される現状を見逃すことができず、回勅『ウマネ・ヴィテ』をもって、世界中の「善意あるすべての人々に」警告を発せられたのでした。

同じように現教皇フランシスコも、たとえ「非現実的」、「時代遅れ」と非難されようとも、これほどまでに進化した大量殺人兵器が横行している事実を、日本司教団との会合でも仰せられたように、「すべてのいのちを守る」（12頁）ための奉仕職をさずけられている司教のトップとして、黙って見過ごすわけにいかなかったのです。彼は、自分の人気を高めるため、あるいは人々の歓迎や歓呼の声に期待して、わざわざこの東洋の果て、日本にまで来られたのではありません。

かつてキリストが、ご自分の尊いいのちを十字架上で犠牲として献げられたように、教皇もキリストの代理者として、いのちがけで、わたしたちに、「戦争をしてはならない」、「殺し合ってはならない」、「お互いに愛し合いなさい。助け合いなさい」、と叫び続けておられるのです。

しかしこのような、まさに絶叫にも等しい呼びかけの根源は一体何でしょうか。わたしたちはその源泉にまで遡らなければ、これほどまでに「核兵器全廃」を呼びかけ、叫び続ける教皇の「心」を、そのままわたしたちの「心」とすることはできないでしょう。それゆえにわたしたちは、次のテーマとして、この問題について考えることにしましょう。

Ⅲ　教皇の「核兵器廃絶」の訴えの真意について

教皇の「核兵器廃絶」の思想は、決して突然湧き出たものではなく、長い人類史を介して育てられ、徐々に成長した思想的な宝だというべきでしょう。それは「人間尊重」の思想ではないでしょうか。

「人間尊重」は一般に、英語のHUMANISMEの翻訳だとされています。本来、このヒュマニズムの中心をなす「人間性」は、ラテン語のHUMANITASに由来すると云われますが、元来この言葉の本来の創始者は古代ローマのキケロ（CICERO・一〇六－四三B.C.・古代ローマの政治家、雄弁家）とされています。彼は、自己および時代の要求にうながされ、人が高貴な意味で人間であるためには何を努力すべきか、という問いに対して、古代ギリシア時代の生活、および文化をあげ、そこにローマ人の生活の理想を求めました。そこで彼は、人間の生活において人間性に合致するものと、合致しないものを検討し、前者に属するものとして、古典的教養を欠かせない要素として要求しました。この意味で、彼のヒュマニズムは、人文主義的色彩が強いものでした。

しかしそれはやがてルネッサンス時代に開花して、さらにドイツにおける第二ヒュマニズムに受け継がれ、多かれ少なかれ、今日までのヒュマニズムの本質的特徴を形成するにいたりました。

ところが、人間が高貴な意味において人間になりえる道を探究するためには、人間が、現実的には何であるかについての具体的な知識の裏付けがなくてはなりません。つまりありのままの人間、自然における人間を許容し、尊重し、むしろ誇りにさえする態度が、ヒュマニズムには欠かせないもう一つの要素として求められるようにもなります。

いずれにせよ、ヒュマニズム的思想は、歴史的流れの中で、次第に世界史的意味を確立させていきますが、その根底には人間性の回復と、人間性を拘束するあらゆる障害からの解放に努めるという思想が、その根底に流れているといえます。この最後の「人間性の解放」という視点からみると、マルクス主義的思想や、サルトル（J.P.SARTRE・一九〇五－八〇・二十世紀を代表するフランスの実存主義哲学者）を中心とする、いわゆる無神論的実存主義はもちろん、二十世紀末、南アメリカを中心に広まった「解放の神学」もまた、この部類に属していると言えるでしょう。

このようにヒュマニズムという言葉は多義的であり、そのために「人間尊重主義」の他、「人間主義」、「人文主義」などとも呼ばれています。このように翻訳の多様性はもちろん解釈の多様性の結果でもありますから、それは同時に、その意味の曖昧さにもつながっています。だからわたしは以下、教皇の「核兵器廃絶」の思想の根底を、単に「ヒュマニズム」とは言わず、あえて「カトリック的ヒュマニズム」と呼ぶことにします。

1　カトリック的ヒュマニズム

「カトリック的ヒュマニズム」と聞いて、「何じゃそれ！」「初耳じゃ、そんな言葉は…」などと不思議に思われる方々が多いかも分かりません。じつはわたし自身も、このような言葉が存在しているかどうか知りません。だからわたしは、このような言葉にあえて固執しようとは思いませんが、むしろこれは「カトリック的人間論」と言ったほうが的確かもしれません。しかし、わたしの「カトリック的ヒュマニズム」という表現が、たとえ「あまりにも私的用語」だと批判されても、少なくとも今日の講演では、わたしはこの表現を使わせていただきます。

わたしが言う「カトリック的ヒュマニズム」は、歴史的解釈であるよりも、むしろ語源的です。すなわち、「HUMANISMUS」というラテン語の分析的な解釈に由来します。ラテン語には、日本語の漢字と同じく、複合的に合成された単語が多いのですが、HUMANISMUSもその一つです。

ラテン語のHUMANISMUSは、HUMUS、ANIMA、そしてISMUSの三つの異なる単語の合成によって成っています。まず一番易しい、「ISMUS」から始めましょう。これは皆さんよくご存じのように、何かの「主義」、「主張」を意味します。たとえば「マルクス主義」や「実存主義」などがそうです。

最初の言葉、すなわち「HUMUS」は、「塵」、「泥」、「地面」などを意味します。これは旧約聖書の『創世記』で最初の人間の創造について、「神である主は土の塵で人を形づくられた」（2・7参照）という言葉に由来します。これが人間の肉体の創造についての象徴的表現です。

A　人間の肉体について

右の『創世記』の記述は、人間の肉体が、人間性の本質的構成要素の一つとして解釈される根拠ともなっています。たしかにわたしたちの肉体は、わたしたちの人間性の本質的要素です。しかしもちろんこの肉体には、多くの長所と短所があります。

短所としては、肉体のゆえにわたしたちは疲労を感じたり、飲食物の補給を求めたり、睡眠や怠惰にも誘われますし、病気、老化、そして最後には死の原因ともなります。だから肉体を悪の根源として蔑視し、諸悪の根源として、これを根本的に否定する人々さえもいます。

もちろん人間の肉体は原罪の結果、わたしたちを容易に悪へと傾かせる大きな原因となり、しばしばわたしたちを惑わせたり、苦しめたりもします。正直言って肉体はあまりにもしばしば、わたしたちの精神的集中力を損ない、精神的働きを妨げたりもします。

しかし同時に人間の肉体は、わたしたちの精神的働きに不可欠な手段でもあります。日本人が世界的に評価され、称賛される「手先の器用さ」は、偉大な芸術をも生みました。同じく敏感で、鋭い肉体的感覚は、美しい芸術品や、心に安らぎを与える音楽、あるいは深い哲学的な思索の根源ともなります。「感覚を経なければ、何も知性にはない」、という中世思想の格言のように、すべての知識は感覚の媒介によって得られます。人間の知的能力がいかに優れていても、肉体の協力がなければ、何もできませんから、その意味でも、肉体は人間の本質的構成要素の一つです。

B　人間の理性的魂

しかし人間の最大の特徴は、他のいかなる地上的被造物とも異なって、神から「理性的魂」を付与されていることです。この「理性的魂」の創造について『創世記』には、「土の塵で人を形づく」られた主なる神は、「命の息をその鼻に吹き入れられた。そこで人は生きる者となった」（2・7）と記されています。神による「人間の創造」に関する聖書的記述についての解釈は、もちろんここでは割愛します。わたしたちの今回の演題とは直接に関係がないからです。

しかし人間はこの「理性的魂」のゆえに、本能的ではなく、自ら考え、決断し、自己責任のもと、自ら選択することができます。人間はこの偉大な能力のゆえに、歴史的に偉大な発明、発見をかさね、偉大な文化を構築し、人類の歴史を美しい文化によって飾り、わたしたちにより便利で、より人間的な、そしてより高貴な生活を可能にしてくれました。こうして人間は、「ご自分にかたどって人を創造された」（創1・7）、神の意志を継いで、その代理者としての務めを継続するはずでした。しかし人間の理性的魂もまた、残念ながら完全無欠ではありませんでした。

人間は、このような歴史的成功に目が眩み、自分を最高の存在であるかのごとき錯覚に陥って、神を否定するまでに自らを評価し、ついに神と人間の従来の関係を逆転させ、ただ一発の爆弾で全人類をさえ全滅させることが可能な兵器を作成し、世界の人々を、残虐な被爆の不安と恐怖に陥れ、世界の人々を脅かせています。

C　肉体と理性的魂の実体的一致としての人間

人間とは、このような肉体と理性的魂とが、実体的に一致した存在です。亡くなったおばあちゃんの遺骸を前に、幼い子どもが母に、「お母さん、まだ間に合うから、早く電池を買ってきて。代金は僕が払うから」と、泣きじゃくった、という話を聞いたことがあります。

わたしは、「人間機械論」を主張する大学院の学生の一人にずいぶんと悩まされた経験があります。彼は、人間は結局、機械以外の何者でもないと、主張し続けていました。油さえさしていれば、機械は動き続けるのだ、というのが、この学生の主張でした。しかし皆さん、これでは人間の尊厳など語れませんよねー。

そこで、人間における「肉体」と「理性的魂」との一致が問題になるのです。

先ほどわたしは、人間を、「肉体と理性的魂とが実体的に一致した存在」と、言いましたが、ここではこの「実体的一致」が問題になります。

もちろん哲学史上には、この両者の一致そのものを完全に否定する人々もいましたし、現在もいるでしょう。人間には、「肉体」か、あるいは「理性的魂」のいずれか一つだけを認める人々は一元論者と呼ばれ、両者を、各々の独立性と、対等的関係を主張する人々は「二元論者」と呼ばれます。この二元論は、二頭の馬で一台の貨車をひっぱって走る二頭馬車にたとえられます。

一元論者はさらに、さきほどのわたしが紹介しました「人間機械論者」もここに入るのでしょうが、唯物論的一元論と、古代ギリシアの哲学者プラトン（PLATON・四二七－三四七B.C.）のように、人間は「魂」だけであり、肉体はいわば衣服のようなもので、人間の本質的要素ではないと、いう意味での一元論者もいます。これに対してわたしたちは、両者の実体的一致論を主張するのですが、ではそもそもこの実体的一致論とは、どのような説でしょうか。

「実体的一致」について理解するためには、「偶然的一致」と比較して考えたほうがいいでしょう。わたしたちは今、ここで一つのグループを形成しています。皆さんは今、わたしの「講演を聴く」という同じ目的のために此処に集まっています。しかし皆さんは、そのために個性を失っているわけではありません。もちろんこうして同じ場所で、わたしの拙い話に聴き入っていますが、しかし皆さんの心までは同じになっていません。時計を眺めて、「まだ一時間しか経っていない」、と思う方もいるでしょうし、あるいはすでに激しい睡魔と格闘している方、それよりも「帰宅後の一杯のビールに思いをはせ、『我慢』、

『我慢』」と、自分に言い聞かせながら、ただひたすら時の流れを待っている方もいるでしょう。そしてこの講演が終了すると、蜂の巣を突いたように一斉に立ち上がり、数分後には、この部屋は再び、静けさを取り戻し、寂しい空間に戻り、先ほどまで一つのグループを形成していた多数の人々はまたばらばらにわかれてしまいます。これが偶然的な一致の姿です。

　これに対して実体的一致とは、一つのものを構成する各々が、完全にその個性を失って、全く新しい第三者的存在を構成するような一致のことです。学生時代に覚えて、今もなおわたしの記憶に残っている化学記号は、ただ「水」の記号であるH_2Oだけですが、わたしは実体的一致について説明する時に、まさに「馬鹿の一つ覚え」、と笑われるかも分かりませんが、この「水」の化学記号の説明から始めることにしています。これが意外と好評なので、ここでも繰り返すことをお許しいただきたいのです。

「水」の記号のH_2Oで、「H」は「水素」で、「O」は酸素です。つまり「水」の化学記号は、それが「酸素」と「水素」の合成であることを意味します。換言すると、「水」は、もはや単なる「水素」だけでも、あるいは単なる「酸素」だけでもなく、両元素が完全に一致して、「水」という、もう一つ別の実体を形成していることを意味しています。伝統的哲学で人間における肉体と理性的魂の一致を、この実体的一致によって説明するのですが、結論的に言いますと、人間とは、たとえそれがどれほど美しく、強靱であっても、ただ肉体だけでは人間とは言えません。また、たとえいかに類稀な知的能力や、正確な決断力を備えた知性的能力をもっていても、それは天使ではありえても、厳密な意味では人間ではありません。しかもこの人間の理性的魂も、決して完全無欠なものではありません。従って人間とは、不完全な肉体と、これまた不完全な理性的魂とが、しかしこれら不完全な両者が実体的に一致した存在ですが、それはあくまでも不完全な存在のままです。それゆえに人間の尊厳とは、人間の肉体的能力、あるいは知的能力だけを礼賛するのではなく、いかに不完全ではあっても、くりかえしになりますが、肉体と理性能力とが、実体的に一致した存在で、これは「人格的存在」とも呼ばれ、ここに人間の平等と尊厳の根拠があります。

最近、知的障害者の施設の職員が、自分が務めていた施設で生活していた複数人の障害者を殺害したとして、大きく報道されました。しかも彼は、その殺害の理由について、少しも悪びれた様子はなく、むしろ胸を張って、「この人たちは社会に役立たないばかりか、このままの状態では明るい未来がないから」、「あの人たちは、決して幸せにはなれないから、むしろ死んだほうが幸せだから」、などと答えていましたが、このような人々は、「人間の尊重」については、何も正しくは理解していない、と言わざるをえません。

パスカル（PASCAL・一六二三－一六六二・フランスの数学者、物理学者、宗教学者）は人間を「考える葦」と定義しましたが、これこそ歴史に残る名定義だと言えます。人間はまず、川辺に弱々しく、幼児たちさえ指先で簡単に折れる、小さな一本の「葦」のような存在です。しかし「考える」という特別に優れた能力をもっていて、それゆえに人間は、他の動物よりも優れています。人間はチーターのように速く走れません、鳥のように空を飛ぶこともできません。魚のように水中を泳げませんし、狼のように強くもありません。また猿のように、身軽に木登りをしたり、枝から枝へと移動することもできません。しかしわたしたち人間には考え、決断するすばらしい能力があります。それは人間が理性的魂を有しているからで、この意味でも、人間は皆平等です。

D　人間の差異と平等

しかしわたしたちには、肉体的にも、知的にも差異があることを認めなければなりません。人間は肉体的であるかぎり、容姿、体重、体力や健康などの点で、決して一様ではありません。理性的魂の側面においても同じです。知的能力、或いは性格など多様的だからです。わたしたちは他にも多くの差異の数々を列挙することができます。人間間にみられるこのような多種多様の差異は、人間社会では避けられないばかりか、むしろ必要でもあります。

人間社会が成立するためには、医師や教師、看護師、料理人、バスの運転手、パイロット、政治家、危険な仕事に従事する人等、これらみな、社会がその機能を果たすためには、いずれも欠かせない役割を担っている人々です。しかしこのように種々の職業が存在するということは、当然その報酬にも差異が生じるでしょう。報酬の違いは、住宅や生活環境の違いが生じ、そこにいろいろな何か差異が生じるのもいたしかたないことでしょう。この意味では、人間社会のなかに違いや差異もさけられないばかりか、むしろ必要なことです。

しかしそれでもわたしたちが忘れてならないことは、差異と差別とを混同してはならないということです。貧富や社会的地位の差は、それがそのまま人間的差別につながってはならないからです。ノーベル賞を受賞するほどの世界的学者も、無学な日雇い労働者も、人格的存在としては同等ですし、平等です。つまり学問や知識の相違、容姿や社会的地位、あるいは貧富の上下の差異などは、人間社会を構成するためには避けられません。しかしそれは決して、人を差別する原因になってはならないのです。人間はみな、神によって創造され、神に愛され、イエス・キリストの尊い御血によって贖われ、等しく神に召され、愛されている、という点では平等だからです。欧米の憲法が人間の平等について、「神の前で」と条件的にと宣言しているのはこのためです。

2　教皇フランシスコの人間観における、「人間の尊厳と平等」

教皇フランシスコが、現在ますます広がりつつある貧富の格差を、戦争や暴動、あるいは過激なテロなどの一つの原因として指摘し攻撃する時、もちろんその是正を求めてはいますが、その完全な撤廃までも要請しているのではありません。彼が咎め続けていることは、差異を是正する努力を怠り、それをそのまま差別にまで変化させている事実に対してです。自然的差異と、人を差別すること、あるいは「分け隔てする」こと、とは明らかに異なるからです。

A　使徒ヤコブの教え

このことについて使徒ヤコブは、彼の『手紙』の中で、次のように明記しています。すこし長い引用になりますが、しかしその意味は明瞭で、いかなる解説も必要ないでしょう。

「わたしの兄弟たちよ、あなた方は、人を分け隔てせず、わたしたちの栄光の主イエス・キリストへの信仰をもち続けなさい。仮にある方の集会に、金の指輪をはめ、立派な服装をした人が入ってくると同時に、みすぼらしい服装をした貧しい人間も入ってきたとしましょう。あなた方が、立派な服装の立派な人々に目を留めて、『どうぞ、こちらの上席にお座りください』、と言い、貧しい人には、『立っていなさい』、あるいは『そこにあるわたしの足台のそばに座りなさい』と言うなら、あなた方は自分たちの間で差別をし、悪い考えで裁きをしたことになります。

わたしの愛する兄弟たちよ、よく聞きなさい。神は、この世の貧しい人を選んで、信仰において富む者とし、神を愛する者に約束されたみ国を受け継ぐ者となさったではありませんか。それなのに、あなた方は貧しい人を侮ったのです。富んでいる人こそ、あなたがたを虐げるのではありませんか。また、その人たちこそ、あなた方を裁判所に引いていくのではありませんか。あなた方はあの方の名で呼ばれていますが、その人たちこそ、その尊い名を汚しているのではありませんか。もしあなた方が、聖書に従って、『隣人を自分と同じように愛せよ』という最高の律法を果たすなら、それは善いことです。しかし、もしあなた方が、人を分け隔てするなら、罪を犯したことになり、律法は、あなたがたが違反者であることをはっきりさせます。律法をことごとく守ったとしても、その一つでも犯したとしたら、すべてに対して有罪となります」（ヤコ２・１－10）

B　人間の尊厳論から

教皇フランシスコが求めておられる「人間尊重」の根底となる原理を、わたしはあえて「カトリック的ヒュマニズム」と呼びました。歴史的流れの中で理解されるヒュマニズムは、たとえばその創始者であるキケロや、その完成期のルネッサンス期の代表者たちに特に顕著なように、人間性を高揚するという理由のために、人間のあらゆる束縛からの解放を主張し、ついには神からの解放さえも要請するヒュマニズム、人間性を強調するあまり、神をさえ否定するに至る、いわゆる要請的無神論をさえ主張する、いわゆる一般的な意味でのヒュマニズムと袂を分かつために、わたしはあえて「カトリック的ヒュマニズム」を提案しました。

この「カトリック的ヒュマニズム」は、人間を「塵」のようにチッポケな存在であるとする思想から出発します。しかし人間には同時に、神から不滅の「理性的魂」が与えられ、神に最高に愛され、しかも永遠のいのちへと招かれています。ここにこそ人間尊厳と平等の基礎があります。重複を恐れずあえて繰り返すことを許していただくと、「カトリック的ヒュマニズム」は、人間の尊重と平等の基盤を、神からの解放ではなく、むしろ神との交わり、あるいは神との一致におきます

C　「青年との集い」における教皇の言葉から

教皇は、十一月二十五日、「東京カテドラル聖マリア大聖堂」で、「青年との集い」をもたれました。そこには国籍、宗教、宗派を異にする多数の青年たちが一堂に会し、教皇との対話を交わしました。まず数人の若者たちが、自分たちが現在生きている社会で体験している悩みや苦しみ、あるいは現実的な社会的矛盾について訴え、その解決を求めました。教皇はこれら三人の発言者に、彼らの率直な発言を称え、感謝し、一人ひとりの質問にていねいに答えていますが、しかしここでは、体験している過酷ないじめについて発言した三番目の発言者、フィリピン出身のレオナルド君へのそれを紹介させていただきます。

彼は、小学校時代に、両親とともに日本に移住してきたらしいのですが、最初の登校日から、彼へのいじめは始まりました。いじめとはいっても、それは暴力的なそれではなかったようですが、例えば無視される、避けられる、対話ができない、返事が返ってこな

い、ひどい時には「きもい」という言葉も聞こえる、完全な仲間はずしに遭い、それまで何度も死ぬことを真剣に考えたそうです。仲間の間を通る時には「後ろ指」を指され、「嘲笑され」、「わたしはそのたびごとに、死にたいと思った」、と彼は語っていました。「わたしはこうして生きるに価しない人間なのだと失望しました。今後わたしはどう生きればいいのでしょうか」、というのがこの青年の深刻な悩みでした。

さて以下、少し長くなりますが、このような悩みに苦悩するレオナルドさんへの教皇の言葉をご紹介しましょう。教皇はまず、いじめる側と、いじめられる側とを比較して、その違いは決して両者間の本質的相違によるものではなく、むしろ人間の人格的特徴として受け入れるべき、アイデンティティとして、お互いに受け入れるべきであり、それは人間の優劣を判断する基準ではない、と説いています。

「レオナルドさん、あなたが苦しんだいじめと差別の経験を、分かちあってくれてありがとう。より多くの若者が、あなたのような体験について勇気をもって話すことの大切さに気付くでしょう。わたしの時代、わたしが若かったころは、レオナルドさんが話したようなことは決して口にしませんでした。学校でのいじめが本当に残酷なのは、自分自身を受け入れ、人生の新しい挑戦に立ち向かうための力をいちばん必要とする時、精神と、自尊心が傷つけられるからです。いじめの被害者が、『たやすい』標的なのだと自分を責めることも珍しくありません。負け組だ、弱いのだ、価値がない、そんな気持ちになり、とてつもなくつらい状況に負い込まれてしまいます。『こんな自分じゃなかったなら…』と。

けれども反対なのです。いじめる側こそ、本当は弱いのです。他者を傷つけることで、自分のアイデンティティを強調できると考えるからです。自分とは違うと見なすとすぐ攻撃することもあります。違いは脅威だと思うからです。実は、いじめる人こそおびえていて、見せかけの強さで、装うのです。これについて―よく聞いてください―自分がほかの人を傷つけたくなったら、だれかほかの人をいじめようとしていると感じたり、そう見えたりしたなら、その人こそ弱虫なのです。いじめられる側は弱虫ではありません。弱虫をいじめる側こそ、よわいのです。自分を大きく強く見せたがるからです。自分は大した存在なのだと実感したくて、大きく見せて強がる必要があるからです」（55－56頁）

次いで教皇は、いじめの事実について、それを止めるべきだと、声をあげ、それが悪いことであることを公言できる勇気を持つようにと勧めています。日本には古来、「義を見てせざるは勇なきなり」という格言もあります。第二次世界大戦の終末近くに、アメリカとソ連は、秘密裏に原子爆弾の開発に全力を注いでいました。名前を忘れてしまいましたが、原子爆弾の作成のための研究に励んでいたアメリカ側の研究グループの一人は、それが大量殺戮のためであること知ったとき、即座にその仕事を放棄しましたが、しかしその後彼は、世間の人々の氷のように冷たい視線を浴び、「裏切り者」、「卑怯者」などといった陰口を受けましたが、しかしそれでも彼は、このように恐ろしい孤独に耐えながら、ひっそりとその生涯を閉じた、と聞いたことがありました。

「いじめ」によって表現されるいろいろな社会悪に対しても、わたしたちは、勇気をもって、共に立ち上がるべきです。この点について教皇は次のように諭しています。「わたしたち皆で、この『いじめの文化』に対して力を合わせ、この『いじめの文化』に対してともに力を合わせ、はっきりという必要があります。『もうやめよう!』。この疫病に対して使える最良の薬は、皆さん自身です。

しかもこのような叫びは、友人どうしで、仲間どうしで、『絶対だめ』、『いじめはだめ』、『他の人への攻撃はだめ』といわなければなりません。クラスメイトや友人の間でともに『立ち上がる』こと以上に、いじめに対抗する強力な武器はありません。そしていうのです。『あなたがしているいじめは、とてもひどいことだよ』」(56頁)と。

そして教皇はいじめられることの劣等感や絶望感に苦悩するのではなく、むしろそれらを克服してより成熟した人間に成長するよう、あらゆる苦悩を人々への愛と贖いに捧げられたキリストを、わたしたちへのモデルとして提示し、次のようにやさしく教え、諭しています。

「『いじめる』人は臆病者です。愛と平和の敵だからです。優れた宗教はそれぞれの人が実践している宗教はどれも、寛容を教え、調和を教え、いつくしみを教えます。宗教は、恐怖、分断、対立を教えません。わたしたちキリスト者は、恐れることはないと弟子たちにいわれるイエスに耳を傾けます。どうしてでしょうか。わたしたちが神様とともにおり、神とともに兄弟姉妹を愛するならば、その愛は恐れを吹き飛ばすからです(Iヨハ

4・18参照)。レオナルドさんがはっきりと思いださせてくださったように、イエスの生き方を見ることで、わたしたちの多くは慰めをえられるのです。イエスご自身も、侮辱され、拒絶され、さらには十字架につけられる意味まで知っていたからです。また、よそ者、難民者、他とは『違う』者であるとは、どういうことかを知っていました。ある意味で　―キリスト者の人と、そうでない人に向けてここではお話ししていますが、信仰の手本として理解してください―　イエスこそ、究極の『隅に追いやられた人』であり、与えるためのいのちに満ちた、隅に追いやられた人だったのです。レオナルドさん。自分にないものばかりに目を向けることもできますが、自分が与え、差し出すことのできる人生を見いだすこともできます。世界はあなたを必要としている、そして決して忘れないでください。主は、あなたを必要としています。今日、起き上がるのに手を貸してほしいと求めている多くの人に、勇気を与えるために、主はあなたを必要としておられるのです」(56―57頁)。

そして教皇は、人生に役立つことの一つの話として、「助ける人」と「助けられる人」、「仕える人」と「仕えられる人」との間に、人間としての上下差別がないことについて次のように諭しています。

「人生に役立つことを一つ、皆さんに話したいと思います。人を軽んじ蔑むとは、上から人を見下げることです。つまり、自分が上で、相手が下だと。相手を上から下へ見てよい唯一正当な場合は、相手を起き上がらせるために手を貸す時です。わたしも含め、この中にいるだれかが、だれかを軽んじて見下すなら、その人はどうしようもない奴です。でも、この中のだれかが、手を差し伸べて起き上がらせるために、下にいる人を見るのなら、その人は立派です。だから、だれかを上から下へ見る時、心に聞いてください。自分の手はどこにあるか。後ろに隠しているだろうか。それとも、立ち上がらせるために、差し伸べているか、と。そうすれば幸せになります。分かりましたか。いいですか。分かりましたか。分かりませんでしたか。しんとしていますね」（57－58頁）

以上わたしは、「青年との集い」で、レオナルドさんの質問に対する答えを中心にご紹介しましたが、もう一つ、同じ集いでの最初の証言者だった、カトリック信徒の小林美希《こばやしみき》さんのそれをご紹介しましょう。彼女は、生産性を重視する現代の日本社会においては、忙しさのあまり、「立ち止まって、振り返り、ただ祈るということに」意義を見失っていること、またあまりにも豊かでありすぎるために、いのちを感じることも少ない、と同時に、なにかを信じなくとも生きていけますが、このような環境で青年は、何を通して神様に出会っていくのでしょうか。出会う場所があるのでしょうか」、と問うています（65－67頁参照）。

教皇は彼女の悩みに対して、「個人や共同体、あるいは社会全体でさえ、外的には高度に成長しても、内的生活は貧しく委縮し、熱意も活力も失っていることがよくあります」と、前置きしながら、そのような人について、次のような貴重な勧告をしています。

「中身のない、お人形さんのようになるのです。すべてに退屈しています。夢を見ない若者がいます。夢を見ない若者は悲惨です。夢を見るための時間も、神様が入る余地もなく、ワクワクする余裕もない人は、そうして、豊かな人生を味わえなくなるのです。笑うこと、楽しむことを忘れた人たちがいます。すごいと思ったり、驚いたりする感性を失った人たちがいます。…なぜでしょうか。他人との人生を喜べないからです。聞いてください。あなたたちは幸せになります。他の人といのちを祝う力を保ち続けるならば、あなたたちは豊かになります。世界には物質的には豊かでありながら、孤独に支配されて生きている人がなんと多いことでしょう。わたしは、繁栄した、しかし顔の見えないことがほとんどない社会の中で、老いも若きも、多くの人が味わっている孤独のことを思います。貧しい人々の中で、もっとも貧しい人々の中で働いていたマザー・テレサは、かつて預言的で、示唆に富んだことをいっています。『孤独と、愛されていないという思いこそが、もっとも恐ろしい貧困です』」（59－60頁）

したがってわたしたちは、この霊的貧困との闘いに挑戦しなければならないのですが、教皇は、特に若者たちに、「何のために生きるのか」よりも、むしろ「誰のために生きているのか」に焦点を当て、この問題を共有的基盤とするよう勧めて、次のように教えています。

「何のために生きるのかに焦点を当てて考えるのは、それほど大切ではありません。肝心なのは、だれのために生きるのかということです。次の問いを問うことを習慣としてください。『何のために生きているのかではなく、だれのために生きているのか。だれと、人生を共有しているのか』と。物も大切ですが、人は欠けてはならないものです。人間不在なら、わたしたちは人間らしさを失い、顔も名もない存在になり、結局はただの物、いくら最高級でも、ただの物でしかないのです。いくら最高の品でも、それは単なる物です。けれどもわたしたちは物ではありません。人間なのです。シラの書には、『誠実な女は、堅固な避難所。その女を見いだせば、宝をみつけたも同然だ』（シラ６・14）とあります。だからこそ、いつも次のように問うことが大事です。『わたしはだれのためにあるのか。あなたが存在しているのは神のためで、それは間違いありません。ですが神はあなたに他者のためにも存在してほしいと望んでおられます。神はあなたの中に、たくさんの資質、好み、たまもの、カリスマを置かれましたが、それらはあなたのためというよりも、他者のためのものなのです』（使徒的勧告『キリストは生きている』２８６番参照）。他者と共有するため、ただ生きるのではなく、人生を共有するためです。人生を共有してください。

そしてこれこそが、あなたがたがこの世に差し出すことのできる、すばらしいものなのです。若者は、この世界に何かを差し出さなければなりません。社会における友情、あなたがたの間の友情をあかしとしてください。友情は可能です。それは、出会いの文化、受容、友愛、そして一人ひとりの尊厳、とりわけ、もっとも愛され、理解されることを必要としている人の尊厳に対する敬意、それらを基礎とした未来への希望です。攻撃したり軽

蔑したりすることなく、他者のもつ豊かさを評価することを身に付けなさい」（60－61頁）

要するに教皇フランシスコが強調する人間の尊重と平等の基礎は、人間が、神によって「ご自分の似姿」として創造された「人格的存在」であり、神の愛と、救いの業に等しく参与している、という教えにあります。それゆえに人間間に何らかの差異があっても、それは決して差別であってはならず、その生活環境状況のいかんにかかわらず、人間としての生活が保障されなければなりません。すべての殺害行為は、この人間の基本的権利を、完全に撲滅することであり、わたしたちの生命の絶対的主である神の権利を侵す行為ですから、決して許されることではありません。教皇が核兵器の使用を、「神へのテロ行為」と言われた理由はここにあります。

Ⅳ　教皇の呼びかけに応えるために、わたしたちは何をすべきか

1　良い土壌を準備し、よい種をまき、成長させる努力

教皇の、全世界の人々に向けて、これほどまでに強く訴えている「核兵器廃絶」を実現するために、わたしたちはいったい何を為すべきでしょうか。このことを明らかにすることが、今日のわたしの講演の目的でした。実は、答えはすでに明白です。世界の指導者たちが、核兵器の作成計画を取り消し、核兵器の製造に直接的なかかわりを持つ科学者、技術者たちが、毅然としてこれを拒否すれば、それですべては終了するはずだからです。このような大きな期待のうち、昨年国連本部で「原子力禁止条例」の可決と批准を求める大会は開催されたのでした。しかし、投票結果は、僅差だったとはいえ、民主主義の大原則である「多数決」によって拒否され、はかない夢と散りました。しかし教皇は、このまま負け犬として引き下がるはずがありません。彼は今後も、世界中の善意あるすべての人々に、同じ訴えを叫び続けるでしょう。

ところでわたしたちは、教皇の演説や講話の中でしばしば、「皆さん」という呼びかけが多いことに気づかされます。そしてこのような呼びかけの相手が、核兵器製造と使用に直接的には何のかかわりも持たない、多分そこに何の責任さえも感じてはいない、いわば一般の人々を指していることは、文脈的には明白です。多分彼らは、このような恐ろしい核兵器が生産され、いつでもわたしたちが住んでいるこの世界に落とされる状態にあることさえも実感していない人たちかもしれません。しかし教皇は、そのような人々にも、核廃絶実現のための協力を求めておられるのです。

それでは、教皇がわたしたちに、とくに世界で最初に原爆の被害を体験した日本人に求めている協力とは、一体何でしょうか。

わたしは、日本滞在中の教皇の話や、行動を追いながら感じたことは、彼がわたしたちに求めていることは、単なる「応援」や「後押し」ではなく、むしろ本当の意味で、世界平和に正しく貢献できるような科学者、技術者、政治家、そして平和のために努力を惜しまない「平和をもたらす人」（マタ５・９）を生み、育てる土壌を準備することではないでしょうか。

2　中村哲さんのこと

教皇の日本訪問の直後だったと思います。十二月初旬、中東の国アフガニスタンで、当時七十三歳だった日本人医師の中村哲さんが、銃で撃たれ、亡くなった、という悲しいニュースが入り、世界中の人々を驚かせ、人々を深い悲しみにつつみました。

中村哲さんは、福岡県出身で、一九六四年にパキスタンとアフガニスタンの国境地帯で、当時、アフガニスタン国内での戦争をのがれた難民たちの医療支援を始めました。九〇年代に拠点をアフガニスタンに移し、多くの病院や診療所をつくり、当地の人々に寄り添いつづけていました。

その後彼は、井戸を掘り、水路建設などの土木事業をも始めるようになりました。そのきっかけとなったことは、二〇〇〇年、現地でほとんど雨が降らず、人々は飢え、渇きに苦しみ、泥水を飲んで病気になって死亡する人々が続出したことでした。彼は、「飢えや渇きは、薬ではなおせない」と悟り、「百の診療所より一本の水路が必要だ」考え、独学で土木学を学び、その道を開拓しました。現地からの報告によると、現地の人々とともに掘った井戸は千六百本以上もあり、これら井戸の水で潤された土地は、一万六千五百ヘクタールにも及び、そのおかげで、六十五万人が農業をできるようになったそうです。

このような中村さんでしたが、昨年十二月、中村さんが乗っていた車を武装集団が襲ったのです。中村さんが活動していたアフガニスタン東部は、かつてこの国を支配していたタリバンやイスラム過激派組織「イスラム国」など、政府に反対する集団の力が強く、治安も不安定だそうですが、そこを車で移動中に狙われた、と報じられていました。

中村さんが亡くなった日、現地では約百人の人々が集まって、彼の死を悼む行事が行われ、彼の遺体が日本に発つ時は、アフガニスタンのガニ大統領自身も彼の棺を担ぐ一人となり、最後に、「われわれの国への彼の努力に対して、国民はその貢献を忘れることはない。安らかにお休みください」という声明を発表しています。

もう一つわたしが感動したことは、彼の遺体が出身地の福岡空港に到着した時でした。空港には、福岡はもちろん、日本全土から日本滞在のアフガニスタン人が集まり、人々は、「中村さん、助けてあげられなくてごめんなさい」、と書いた紙を高く掲げ、また他の人々は、涙を流しながら、きっと同じ意味のことばを叫びながら大きく手をふって出迎える姿が、とても印象的で、今もなおわたしの脳裏に深く刻まれています。

その後、福岡だけではなく、東京でも盛大に「お別れ会」が開かれ、多くの人々が集まり、彼の死を悼むとともに、彼が異国の土地アフガニスタンの人々にもたらした希望を絶やさないよう、仲間たちは、その事業を引き継いでいこうと、固く誓い合っていたそうです。事実、中村さんの死によって、彼がはじめた事業が終わるわけではありません。中村さんが現地で代表を務めていたＮＧＯ（民間活動団体）ペシャワール会社は、この事件直後には中止していた医療支援や援助活動を、もちろん安全性を確認後、順次再開する旨、報告しましたし、事実再開されているようです。

たとえば、先月の現地からの報告によると、中村さんが支援した農園で農作業も再開されているそうです。元々草木も生えない荒れ地でしたが、中村さんが近くの川から用水路を引き、ミカンや小麦などが豊かに収穫される豊饒な農地に生まれ変わっているようです。それに中村さんの後輩たちも、「中村先生の希望はわれわれが引き継ぎたい」、と強く誓っているそうです。

このような実践的活動によって中村医師は、武器や戦争ではなく、人間の尊厳と平等の精神を生きることこそ平和への道であることを実証しました。そこには国籍、人種、宗教、宗派、あるいは主義、主張による差別は全くありませんでしたし、ましてや自国第一主義的な考え、自己の利益追求のみを追及する願望、党利党略の作戦なども なく、ただすべての人が、人間的生活ができるように、という願いを実現するために奉仕に徹していたのです。

同じことは、故マザー・テレサについても言えます。彼女は、死を待つ人々の最期を見とっていましたが、その人々には、国籍も、宗教、宗派の区別もありませんでした。彼女は収容された人々の宗教、宗派を聞き、最後までその人の信仰、思想を尊重し、その人が信じている宗教の教えについて語り、その経典を読み聞かせ、最後にはその人をしっかりと胸に抱きしめながら見送っていたそうです。

3　身の回りの小さなことから実践しよう

昨年の初夏、福岡での小さな研究グループに話を依頼され、不自由な足のことを心配しながらも、何か刺激になることを求めていたわたしは、いとも簡単にこの依頼を引き受けました。当日わたしは、長崎名物のビワをお土産に買い、「博多駅のホームで出迎える」、という約束を信じて、博多に着けば安心だ、と信じ切って乗車しました。ところが列車が博多駅に近づいた頃、突然携帯が鳴り、駅で出迎えられないので、タクシーで来るように、という連絡がありました。タクシーで行くのに問題はありませんが、自分の荷物に、参加者たちへのお土産、それに今回は、わたしにとって大切な杖も持っています。それでもようやく駅の長いエスカレータを降りたまではよかったのですが、タクシー乗り場までの道のりが遠い。兎とカメの競走のように、わたしは一歩一歩、ゆっくりと歩いていましたが、ついに力尽き、大変な人混みの中、駅内の柱に寄りかかってひと休みすることにしました。ところが、その時わたしは、大切な杖を倒してしまいました。足も手も長い、と信じていたわたしは、杖を簡単に拾えると思っていたのですが、その時は、急にわたしの手足が短くなっていたのでしょうか、どうしても手が杖まで届きません。困り果てているところに、小学校四、五年位の二人の姉妹らしい子どもが、いかにも楽しそうにスキップしながら通り過ぎようとしていましたので、わたしは二人に、「お嬢さん。杖を拾ってくださいませんか」、と頼みますと、二人はぴたりと足を止め、いかにも不審そうな様子でわたしを見ていましたので、わたしは同じ依頼を繰り返しました。しかし二人は、何もなかったかのごとく、いかにも楽しそうに、走り去ってしまいました。

正直いってわたしは愕然としました。その時、先ほどの娘さんたちのおばーちゃんらしき上品な女性がわたしに近づき、杖を拾って渡しながら、「すみませんね～。最近は学校でも、大人に話しかけられたら決して返事しないように」、と教えられているのだそうですよ。困った世の中になりましたねー」、などと話している間に、いつの間にか、二人の子どもたちが戻って、おばーちゃんの傍に立っていました。おばあちゃんは、この時とばかりに、「困っている人がいたら、すぐに助けてあげなければ駄目でしょう。おじさんにお詫びを言いなさい」と諭すと、二人は小さく頭をペコンと下げて、小声で、「すみませんでした」と言いました。わたしは二人の頭に手をおいて、「いいんだよ。おじさんの人相が悪いから、仕方ないよねー」と言うと、一人の子は「にっこり笑って」いましたが、しかしもう一人の子は、いかにも不満そうに、おばちゃんに向かって、「だっておばあちゃんは、いつもわたしたちに、『知らない人に話しかけられたら、何も答えないように』、『大人の人に道を聞かれたり、案内するように頼まれたら、無視しなさい、といつも言っているでしょう』」と、不平を口にしました。わたしたちは苦笑する以外ありませんでした。

皆さん、ここで誰がいちばん悪いのでしょうか。皆が本当のことを言っているのです。皆さんも、きっと同じような体験をなさったことがあるのではないでしょうか。わたしたちが生きている社会がそう言わせているのです。子どもたちを育てる学校や家庭で、「大人を信じてはいけない」、と教えなければならないとは、何とも悲しい気がしませんか。このような現実で、どうしてわたしたちは第二の中村哲さんや、マザー・テレサを世に送り出すことができるでしょうか。

　このような意味でわたしは、わたしたちが「核兵器なき世界平和」を構築するためには、平和のために働く人々を生む土壌造りから始めなければならない、と主張しているのです。教皇が世界平和への協力を呼びかけられた「皆さん」という言葉には、ただ核兵器の製造や保有、あるいはその使用に直接に関わっている人々だけではなく、日々平凡な生活を送っているわたしたち一人ひとりを含む、文字通りの「すべての人々」をさしているのです。

第二章　新教皇フランシスコの誕生

I　ベネディクト十六世の辞任と、新教皇フランシスコの選出

1　ベネディクト十六世の突然の辞任

二〇一三年二月二十八日、第二六五代ローマ教皇ベネディクト十六世が、「高齢」を理由に突然退位され、世界の人々を驚かせました。定年前の偉大な教皇の辞任は大きな反響を呼び、多くの人々に大きな動揺も与えたからです。その理由の一つは多分、彼らが「教皇職は終身」と考えていたためだろう、と考えられます。しかし実は、教皇職の辞任は、教会法でも、自由になされるように規定されていますから、ベネディクト十六世教皇には、「高齢と健康上の理由から、ペトロの後継者として、その任務を継続することが困難になった」、という正当な理由がありました。それ故に、彼の辞任は自主的な意思が表明されていましたので、いかにそれが「突然だった」とは言っても、それは正当な手段による辞任でした。しかし、それでもわたしたちが等しく驚いたのは、教皇の辞任は、グレゴリオ十二世（在位一四〇六－四五年）以来、なんと約六百年ぶりのことでしたから、今日では一般的に、教皇職は事実上「終身制」ということが常識となっていたからでしょう。

ベネディクト十六世教皇の辞任の後、初代教皇ペトロ以来、二六六代目のローマ教皇に選出された方が、ホルヘ・マリオ・ベルゴリオ枢機卿でした。ところがこの新教皇についても、他に色々な驚きの種となる事がらが多くありました。その第一は、彼が、イタリア系のアルゼンチン人だということだったでしょう。ちなみに歴代教皇の国籍に関しては、ほとんどがイタリア系でしたが、しかしヨハネ・パウロ二世教皇（座位一九七八－二〇〇五）以降は、ドイツ人のベネディクト十六世（在位二〇〇五－二〇一三）、そしてついに中南米初のフランシスコ教皇と、三代続いた非イタリア人ということになりました。それだけでも、「現代のカトリック教会における大変貌だ」、と言えるかもしれません。

新教皇の選出「コンクラーベ」が開催された時の枢機卿の数は二百七人、そのうち八十歳未満で選挙権を持っていたのは百十七人だけでしたが、さらに英国のオブリエン枢機卿は、コンクラーベへの参加を辞退していましたし、その他病欠一名だったために、百十五人の枢機卿が今回のコンクラーベに臨んだことになります。

2　新教皇の選出

二〇一三年三月、このようなコンクラーベで、新教皇に選出されたのが、アルゼンチンのイエズス会員ホルヘ・マリオ・ベルゴリオ枢機卿でした。イエズス会員としての知的、霊性的鍛錬を経て司祭となり、さらなる研究によって、神学・哲学博号を取得し、種々の教育機関で教鞭をとり、方々の修道院での指導者、院長、そして管区長などの重職を経て、五十五歳でブエノスアイレス教区の補佐司教、六十歳ではブエノスアイレス協働大司教、六十四歳で枢機卿に任命され、その後は、聖職者省、家庭評議会、典礼秘跡省、シノドス事務局長、奉献・使徒的生活省、司教省、ラテンアメリカ委員会委員、シノドス第十回通常総会での書記なども務めています。このように彼の略歴を見るだけでも、神が、有能な彼を、すでに教皇職に準備されておられたことが容易に想像されます。

わたしは、かつてローマで研究していた時代に、教会史を専攻していた旧友の一人が、「教皇史を勉強すると、聖霊が教会を導いていることがよく分かる」、と言っていたことを思い出しました。歴史的知識に乏しいわたしでさえも、教皇名には、先任者との、何か深い、意図的関係が示唆されていることが分かります。たとえばヨハネ・パウロ一世（在位一九七八）には、第二バチカン公会議を開催したヨハネ二十三世と、それを閉幕したパウロ六世の意志を継承し実践することを、ヨハネ・パウロ二世教皇の名は、急逝された前任者ヨハネ・パウロ一世の意志を継ぐという象徴的意味が、そしてベネディクト十六世には、第一次世界大戦中の教皇の名を引き継いでいるようです。それだけにわたしは、最初のラテンアメリカ人で、しかもこれまた最初のイエズス会員である新教皇が、「フランシスコ」、という名を、教皇名としては史上初に選んだのには、どのような意図があるのだろうか、と自問せざるをえませんでした。

新教皇が、ラテンアメリカのアルゼンチン出身であることについては、カトリック教会がヨーロッパ独占の宗教ではなくなったことと無関係ではないように思えます。事実、現代はラテンアメリカが、世界のカトリック人口の半数を占めるようになっているからです。

だから新教皇は、選出されてすぐ、サン・ペトロ広場のバルコニーから、世界中から集まっている群衆に、イタリア語で、「枢機卿たちが世界の果てまで駆け巡ってわたしを見つけました。皆さん一緒に旅を続けましょう。カトリック教会はもはやヨーロッパのものではなく世界のものであり、その中心は信徒です」、と語りかけています。この言葉を聞いた一人のジャーナリストは、「風は南から吹きはじめたのだ」、と呟いたそうです。

新教皇が、史上初のイエズス会員であることにも、一部の人々の注目が向けられました。イエズス会の歴史が十六世紀に遡ること、さらにイエズス会は「教皇の精鋭部隊」と呼ばれた時代もあっただけに、「探究心旺盛で、霊的・知的なエリート集団」などとも称えられ、世界史上、あらゆる分野で世界的な影響を与えた世界的修道会ですから、これまで、このように優れた修道会から、教皇が一人も選出されなかったことが、むしろ不思議に思われていました。

しかしバチカンとイエズス会との関係が、いつも万事上手く進行したとも言えません。たとえば、バチカン公会議を背景にイエズス会は、マルキスト、および「解放の神学」との関係で、バチカンの反発と警戒を受けるようになった時期もありました。特に教皇ヨハネ・パウロ二世と、ラッシンガー枢機卿（後のベネディクト十六世）は、イエズス会に厳しい態度で臨んでいました。当時、アルゼンチンでイエズス会の管区長の重責を担っていたベルゴリオ枢機卿（現教皇フランシスコ）は、「解放の神学」に抵抗していました。「解放の神学」については、後で機会があれば、再び取り上げることになるでしょうが、今回これ以上は論じません。しかし、貧しく抑圧されている民衆の解放が、現代神学で、最大の課題の一つであることは確かですし、その意味で「解放の神学」は、まだ完全には解決されてはいません。これは新教皇に残された山積する課題の一つであると言えます。

しかし、現在のわたしたちが探究している大切な問題は、新教皇がなぜ、伝統的習性を破ってまで、「フランシスコ」の教皇名を名乗ったかについてですから、焦点を逸らさないで、このまま考察を続けましょう。

Ⅱ　新教皇は、なぜ「フランシスコ」を教皇名として名乗られたのだろうか

教皇の選出で、わたしたちの興味を大いにそそることの一つは、新教皇がどのような教皇名を名乗られるかです。家庭に子どもが誕生した時、生まれたばかりの新生児にどのような名前を付けるか、家族全員で考えます。そして新生児への深い愛情、大きな希望、期待をもって、子どもたちに名前をつけて、その誕生を祝います。それゆえにわたしたちは、自分にあたえられた名前を解読することによって、親兄弟がわたしたちに何を期待し、何を願っていたかを、容易に理解することができます。

ところで、二〇一三年三月十三日、新教皇となられたベルゴリオ枢機卿が選んだ名は、「フランシスコ」でした。これまた人々を驚かせたのではないでしょうか。通例なら、カリスマ性や功績が自分と結びつきそうな先輩教皇や、聖人たちの名を名乗り、その素晴らしい司牧的業績を継続し、完成させることを公言するのが普通だからです。もし新教皇が、このような過去の伝統的慣習性に従って教皇名を選ぶのであれば、彼は何も、その選択に窮することはなかったでしょう。彼は前述のように、大きな知的、霊的共同体としてのイエズス会のメンバーであり、創立者である聖イグナチオ・デ・ロヨラや、最初の日本

への宣教者となった聖フランシスコ・ザビエルを筆頭に、各分野で、不滅の歴史的功績を残した、偉大な大先輩たちが多いからです。

それだけに、新教皇が「フランシスコ」を名乗ったと知った時、「なぜ」と頭を傾げたのは、ただわたし一人ではなかったと思います。しかしわたしは、彼が選んだこの「フランシスコ」という教皇名には、これからキリストの大きな箱舟を操縦するペトロの後継者としての大切な意図と指針が、しっかりと刻まれているように思えてなりません。新教皇名はもちろん、新しく選出された教皇ご自身が選ぶものですから、この問題についての回答は本人自身に直接的に尋ねるのが最善の方法であることは言うまでもないことです。

1　コンクラーベでの発言

どうしてイエズス会出身の教皇が、フランシスコ会の創立者の名を選んだのでしょうか。もちろん聖アッシジにフランシスコの素朴なイメージを意図したのかもしれませんし、清貧や貧者への奉仕を重視していたからかも知れません。しかしそれだけでしたら、アッシジのフランシスコでなくても、イエズス会の創立者イグナチオ・デ・ロヨラや、フランシスコ・ザビエルでも、あるいは他に多くの聖人たちがいたでしょうに、とわたしたちは考えます。ところが、彼が教皇に選出されたその年の三月十六日のメディア関係者との会見で、教皇自身が次のようにその理由を説明しています。
「なぜわたしがフランシスコと名乗ることにしたのか、疑問を持たれた方もおられたことでしょう。フランシスコ・ザビエルやフランシスコ・サレジオなどを連想された方もいらっしゃるかもしれません。わけをお話ししましょう。
選挙会では、サンパウロ名誉大司教で、教皇庁聖職者名誉長官のクラウジオ・ウンメス枢機卿が隣の席についていましてね。教皇選びが難航するなか、励ましつづけてくれました。得票が三分の二に達して拍手が起こると同時に、ウンメス枢機卿はわたしを抱擁してこう言われたのです。『貧しい人々のことを忘れないでほしい』と。その瞬間、脳裏に鳴り響いたのは、貧しい人々という言葉でした。即座にアッシジのフランチェスコが頭に浮かびました。それから、選挙中も世界の各地で続いている戦争についても。フランシスコは清貧の人、平和の人、神が造られた人や物を愛し、守り抜く人です。現代において、わたしたちは神の被造物とあまり好ましくない関係にあるのではないでしょうか。フランシスコ、清貧の人は、平和の精神をわたしたちに与えてくれます。……貧しい人々のための質素な教会の実現を願ってやみません」（マリオ・エスコバル著、八重樫克彦、由紀子訳、『教皇フランシスコ』、新教出版社、137－138）
この言葉からわたしたちは、彼がアッシジのフランシスコをいかに尊敬していたかを容易に想像することができますが、そもそもアッシジのフランシスコとはいかなる人物だったのでしょうか。新教皇の未来に大きな影響を与えるこの中世期の偉大な聖人について、ここでしばらく思い起こしてみましょう。

2　アッシジのフランシスコについて

アッシジのフランシスコ（一一八一－一二二六）は、イタリア中部ウンブリアのアッシジに裕福な呉服商の息子として生まれました。騎士に憧れ、対ペルージャ戦に加わりますが、戦いに敗れて捕虜となります。その後、疾病、ハンセン病者たちと出会い、サン・ダミアーノ聖堂の十字架型板絵からの呼びかけを受けて、償いの生活をしながら聖堂の修復にあたりますが、徐々に仲間が増え、福音の言葉を文字通りに実践し、特に貧しく十字架上で死去されたイエス・キリストの清貧を徹底的に模倣し、「無所有、自己放棄」に努めました。

一二一九年、十字軍とともにパレスチナ、エジプトに渡り、スルタンの改宗を試みますが失敗し、十字軍にも幻滅して帰国、一二二四年アルペルナ山で聖痕を受け、その苦しみの中、『太陽の歌』を作ります。彼には、会員の増加にともなって、理想からの遊離に苦悩する時期もありましたが、神への全面的な信頼と、徹底的な托鉢の精神を実践しつつ、アッシジのポルティウンコラで死去しています。彼は古来、宗教、宗派を超えて広く愛され、日本でも『小さき花』に表されたその純真さと、自然との交わりゆえに親しまれおり、現地では大勢の日本人の観光客にも出会えます。

さて以上が、アッシジのフランシスコの生涯の外的略図ですが、わたしたちは、彼の心の中で燃え盛り、彼の生涯を生かし、神に向かってさらに成長させていたその霊的側面についても想いをはせなければなりません。この点についていては、彼が後の自分の共同体のことを「小さき兄弟」と呼んでいること、彼がその生涯を捧げ尽くした「貧しい人々」とは具体的には誰であるのか、彼はいかなる意味で「改革者」と呼ばれるのか、そしてアッシジのフランシスコと言えば、必ず話題になる「彼の自然をいとおしむ心」などについて、簡単に想起しておかなければならない、と思います。これらすべては、新教皇フランシスコを魅了し、彼の名を、自らも模倣すべき教皇名として採用した根本的動機であった、とわたしは考えているからです。

A 「小さき兄弟」

フランシスコは自分たちの集まりを「小さき兄弟会」と呼んでいました。ところで、「名は実を表す」と言われますが、この言葉は、この共同体の本質と同時に、その霊性をも特徴づけています。まずは、「小さき者」について考えましょう。

フランシスコ会の会員でもなく、霊性神学の専門家でもないわたしには、フランシスコ会のように世界的に大きな修道会の霊性について語る資格はありませんが、常識的に考えても、このような問題には大きく二つの解釈が予想されます。一つは、フランシスコは、当時の社会の支配者階級への反動として、自分たちの生き方を「小さな」、と形容したとするものです。十三世紀は封建制度が確立されていて、身分の上下関係が厳しい時代でした。当時の社会は大別して、王侯、貴族、騎士、高位聖職者らからなる上層階級（マヨーレス「大きな者」）と、下級聖職者、農民、職人、商人などが属していた庶民階級（ミノーレス「小さな者」）に分かれていました。フランシスコは後者の出身であることから自分たちのことを、フラトレス・ミノレス、「小さき兄弟」と呼び、実際にそのような生き方をしたとする、社会学的次元で解釈する人々もいますが、このような意見はあまり受け入れられてはいないようです。フランシスコや、歴史的資料を読むかぎり、当時は、教皇や司教、高位聖職者や教会当局との対立や反抗はなかったと考えられているからです。

　もう一つの解釈は、神でありながら、人間を救うために人間となって十字架上で無残な死を遂げられたイエス・キリストの人類に対する無限の愛と、フランシスコやその兄弟たちの協力を比較し、前者を「大きく」、そして「後者」を「小さい」と表現したものだ、とする解釈もあります。フランシスコの生き方はもちろん、キリストの生き方を徹底的に模倣することでした。ところがキリストは、パウロの言葉をかりると、「（キリストは）神の身でありながら、神としてのあり方に固執しようとはせず、かえって自分をむなしくして、僕の身となり、人間と同じようになられました。その姿はまさしく人間であり、死に至るまで、十字架の死に至るまで、へりくだって従う者となられました」（フィリ２・６

－8）

フランシスコは、神の子が選んだこのような道こそ、その模倣者である自分たちが従うべき道である、と考えます。フランシスコはイエスのように、自我、利己心、名声への欲望、飽くことなき支配欲から自分を解放しようと生涯努力しました。そうすると、わたしたちは、社会の底辺にいる人々の友となることを恥じるはずはない、と考えました。それゆえにフランシスコは、ハンセン病を患う人々に特別な配慮と奉仕を行ったのですが、しかしこれも、「小さな者」になろうとする、彼の不断の努力の一つの具体的現れに過ぎませんでした。

B　貧しき人々

アッシジのフランシスコがいう「貧しき人々」はもちろん、「心の貧しい人々」（マタ5・3参照）のことです。彼にとって物における貧しさは、心の貧しさの具体的表現に外ならなかったからです。事実彼は、持っているものすべてを捨てることを自主的に望み、実行し、また志を同じくする同志たちにも求めました。持っている物を捨てることは、ただ物的なもの、目に見えるものにとどまらず、たとえば知識、名声や支配欲のような、自我追求となるものもその中に含まれます。

アッシジのフランシスコは貧しさを、他の人々との人間関係においても、たとえば他人に怒りを示すことは、貧しき者の生き方ではないとも教えています。そこには、キリストが教えた真の貧しさに反する義人の誇りが現れているからだ、と彼は教えています。

まことに貧しく生きる者は、たとえきびしい、清楚な生活をしていても、それを誇ったり、自慢したりはしないはずだ、と彼は教えています。そうでなければ、そこにはすでにファリサイ的義人の誇りがその姿をみせているからです。彼にとって真の貧しさとは、物における貧しさだけではなく、より根本的なもの、すなわち人間が誇りえるものをすべて投げ打つこと、すなわち自我からの離脱、無私、無欲、没我をも意味しています。人間が誇りと驕りの中に生きる時、たとえ貧しく生きているとしても、まだ真に貧しい者とはいえません。彼らは、イエスが教えられた心の貧しさ、霊における貧しさの具体的表現であったからこそ、物質的にも徹底的な貧しさに生きることを望んだのです。

それでは、彼らをこれほどまでの貧しさに駆り立てたものは何だったのでしょうか。それは、一部の人々が指摘するような、当時の社会構造への無言の抵抗であったと言うよりもむしろ、純粋に宗教的なものだった、と言うべきでしょう。それはすなわち、キリストの徹底した自発的貧しさを通して、キリストを再現させることだったのです。

このように考えると、一二二六年十月三日の夕方、中部イタリアの小さな町アッシジの郊外で、伝記記者の表現をそのまま借りると、「小柄で、風采のあがらないひとりの修道士」が、服を脱ぎ、粗末な下着のまま大地に横たえてもらい、やせ衰えた体には一握りの灰がふりかけられながら、死を迎えようとしている神々しい姿は、「あなたは粘土のようにわたしをお造りになりました。それなのに今、あなたは、わたしを塵にもどそうとなさるのですか」（ヨブ10・9）、と自問自答する旧約のヨブを彷彿とさせます。それだけに彼の死は、十字架上で裸のままの姿で、しっかりとした口調で、「父よ、わたしの霊をみ手に委ねます」、と大声で叫び、息を引き取られたイエスを（ルカ23・46－47参照）、そのまま再現している、とは言えないでしょうか。

フランスのカトリック的実存哲学者として有名なガブリエル・マルセル（G.MARCEL・一八八九－一九七三）の思想に、「存在と所有」という思想があります。わたしたちは生きるうえで、「存在」と「所有」とを、明確に区別します。「存在」とは正しく生きることですし、「所有」とは文字通り、富や名声など、欲しいものをすべて所有することのようですが、彼は、「現代人は、存在と所有を同一視して、多く所有することが人間を幸福にする」、と考えているのに対して、所有することは、実は正しく生きるため手段であるから、それを正しく生かさなければ意味がない、と説いています。わたしはマルセルのこのような思想は、アッシジのフランシスコのそれと相通じるものがある、と考えますが、皆さんはいかがでしょうか。

C　改革者

アッシジのフランシスコを、「改革者」と呼ぶことに、あるいは大きな違和感を持つ方がおられるかもしれません。彼が教会や社会構造の改革を、少なくとも直接に意図していなかった、という意味で、彼はたしかに改革者ではありませんでした。しかし彼は結果的には、「改革者的役割」を果たした、という意味では、「改革者」だったと言っても、決して過言ではない、と思います。もちろん彼が、俗にいう「武器」や「暴力」によって社会改革を成し遂げた革命家でなかったことは確かです。しかし彼によってもたらされた全ての変革は、当時の教会が抱えていた種々さまざまな問題への、自我を追求しない、まったく神の道具となりきったフランシスコの、平和と愛の答えから生じた結果だったからです。

教会の十二世紀の政治的な力は、まれにみる政治的才能の持ち主であった教皇インノセント二世（一一三〇－四三）のもと、教会の浄化や、福音化は進み、それに応じて種々の運動も活発になり、急速に広がっていて、雰囲気的には、まさに最高潮に達していました。しかしそのような社会状況の中にあっても神は、フランシスコを、彼自身は恐らく全く予期したり、意図してはいなかった教会刷新と社会改革の原動力としてお使いになった、と言えるでしょう。

アッシジのフランシスコの研究者たちは、神がフランシスコを通して行われた刷新、ないし社会改革として、次の四点をあげています。

第一は、教会の世俗権とのかかわりです。当時は、教会は神の国の現世的権力と栄光のうちに表れると理解されていて、教会指導者たちには世俗的権力の拡大に少なからざる関心を示す者もいました。そうなれば当然、教会にもいつしか奉仕の姿が薄くなって、むしろ支配する教会の姿が大きくなる傾向が強かったのは事実です。特に司教、大修道院長たちは、すべてにおいて絶対的権力を持っていた時代でしたから、人々は解放と自由、福音における平等を教会に求めていたことも事実でした。

第二の問題点は、教会における道徳生活に関するものでした。しかしこのような刷新運動は何もこの時代に始まったことではなく、教会がその存続と、神聖な聖務を果たすためには常に続けなければならない闘いであり、聖務でもあります。

さて第三の問題は、キリスト教の教義にかかわるもので、カタリ派の教えに関するものでした。今日ここで、「カタリ派」について語る余裕はありません。ひと言でいって、カタリ派は「キリスト教の仮面をかぶっている」と非難されますが、根本的には、マニ教的な二元論に依存しており、結果的には、秘跡、特に聖体の秘跡、司祭職、結婚の正当性などを否定する教派です。

第四の問題は、教会論についてでした。すなわち、元シトー会員で、フィオレ修道会の創立者であり、大修道院長フィオレのヨアキム（一一三〇－一二〇二）が説いた「霊的教会」の到来についてでした。ヨアキムは救いの歴史を、「御父の時代」、「御子の時代」、「聖霊の時代」の三つの時代に分けました。①「御父の時代」は「律法と肉の時代」で、既婚者と信徒（旧約時代の祭司）の教会である旧約時代、②自由と肉の時代である御子の時代、すなわち聖職者の教会である新約の到来とともに終わりを告げる。③新約の時代は、自由と霊の時代である聖霊の時代、すなわち修道者の教会である新しい約束の時代の到来とともに終わる。

このように彼は、当時の教会は、第二時代の教会の時代であるから、やがて第三の時代、すなわち聖霊の教会が来るだろうと予言していました。彼のこのような教えは急速に人々の間に浸透し、約半世紀後には、当時の教会とフランシスコの小さき兄弟会にも大きな脅威となりました。

フランシスコは当然これらの問題について、彼自身の流儀で答えていますが、しかしわたしたちの今日の問題には直接には関係ありませんから、ここでは割愛させていただきます。

D　自然をいとおしむ心

幼少の頃、教会で、わたしたちは雲雀、かわせみ、雉や鳩のような鳥類や、羊、狼や兎のような獣、あるいは種々の魚などと、いかにも楽しそうに語り合っている不思議な聖人のご絵を観せられ、「優しい人になりなさい」と教えられていました。

後でわたしは、この聖人がアッシジのフランシスコであることを知りました。それからさらに長年が過ぎ去り、一九六三年のクリスマス休みを利用して、アッシジに巡礼していたわたしは、中世の風情を漂わせている美しく、静かなアッシジで、このような美しく、長閑な風景だったら、小鳥とともに詠い、動物たちと無邪気に戯れることもあろうかと想像したことがありました。

もちろんわたしたちは、伝記に記され、今日もなお語り継がれている逸話について「歴史的根拠のない単なる逸話」だ、とこれを全面的に、そして無条件に否定して、過去の世界に葬り去ってしまうことは正しくないでしょう。その中には、記述の核となるある種の歴史的事実もあったでしょうし、極めて純粋で、素朴な信仰に生きていた中世の人々が、このような不思議な出来事を、奇跡として伝えたとしても、それは十分に可能でしょうし、不思議でもないからです。

しかしアッシジのフランシスコのこのような体験は、そのようにロマンチックで、空想的なものではなかった、と思います。彼は、神の無限で、普遍的な愛を知っていましたから、神によって創造されたすべての被造物に対して、神の深い愛と、いつくしみを実感していたからです。その意味でフランシスコにとっては、宇宙全体が、神における兄弟姉妹でした。すなわちフランシスコは、すべてを、兄弟、姉妹と呼び、自然をも神から与えられた恩恵と考え、それに深い親愛の情を抱いていました。

しかし彼のこのような自然観は、この世にあるすべてのものを「神」と見なす、いわゆる汎神論的考えとは全く異なります。彼にとって自然は神ではなく、人間に対する神の愛と、いつくしみの現れです。彼は自然を常に神の側から見ていました。彼はそれゆえ、人間は、自然の真の姿と、その神秘を知れば知るほど、その創造者の偉大さと、慈愛の深さを一層理解できる、と考えていました。

それ故に、彼にとって一本の草花も、一羽の小鳥も、愛しきもの、かけがえのない貴重な存在でした。彼にとっては、どのように小さなものであっても、その存在、美しさ、そしてその生命力と神秘性は、神の偉大さを表現し、その愛を具現しているからです。

要するに自然に対する、フランシスコの親愛の情は、その無私無欲の心から出発しています。その彼が、没我への努力を重ねていたからこそ、一切の私心を持たず、驕り高ぶることもなく、創造の目的へと進む自然界は、フランシスコにとって親しく、近いものに感じられたのではなかったでしょうか。

日本でも、特に熱心な禅僧たちの中には、フランシスコと同じように、自然とともに生き、没我への道を求めた人々も少なくはありません。良寛上人もそのひとりだったでしょう。これはコンベンツアル聖フランシスコ会司祭、故山下勝師の研究の受け売りですが、彼によると、良寛には、「飯乞ふと我が来しかども春の野に蕾つみつつ時を経にけり」、という一句があるそうです。これは、托鉢をしようとして出かけたのに、春の野に咲き乱れるすみれの愛らしさに心奪われて、時のたつのも忘れてしまった、という意味だそうです。この句は自然とともに生きることの理想と、それを実践することの現実的困難さを上手く表現していますが、それだけにそのための厳しい努力の必要を強調しています。これは、アッシジのフランシスコと良寛の類似点であるとも言えます。この点について故山下勝師は、著書『アシジのフランシスコ「太陽の歌」』（聖母文庫）の中で、次のように適切に指摘しています。

「良寛も没我への道を求めた人であった。信仰、国境、時代の相違はあれ、道を求め、修める良寛とフランシスコの二人には共通点がみられる。二人とも自我からの離脱と無所有の道を歩み、自然に親しみ、愛し、自然とともに生きた」（本文１４６頁）

（なおアッシジのフランシスコについての考察で拙者は、山下勝師のこの著書を利用し、しばしば断りなく引用もさせていただきました。感謝申しあげます）

要するにわたしたちは、何ものも所有することを望まなかったフランシスコにとって、常に神の計画に従って生きる自然界は親しい友であり、兄弟、姉妹でありました。また、何ものをも受け入れる自然は、すべてをキリストにおいて愛をもって受け入れようとするフランシスコにとって師でもありました。

3　アッシジのフランシスコと新教皇フランシスコ

先ほどわたしがご紹介しましたマリオ・エスコバルの言葉から皆さんは、新教皇フランシスコが、いわばインスピレーション的に、「フランシスコ」の教皇名を名乗ったかのように思われるかもわかりませんが、しかしそれはむしろ、長年彼の心の中で育み、育てられ、成長し、ついに熟した大きな霊的実りであったことを知るべきです。

教皇フランシスコは、二〇一五年五月二十四日、聖霊降臨の主日に公にされた回勅『ラウダート・シ』、―ともに暮らす家を大切に―（カトリック中央協議会訳）の冒頭から、アッシジのフランシスコとの深い関係について詳しく言及しています。

この回勅『ラウダート・シ』は、先ほど少し触れましたが、苦悩の最中にあったアッシジのフランシスコが作った『太陽の歌』（ラウダート・シ、ミ・シニョーレ）、「わたしの主よ、あなたは讃えられますように」、という言葉から始まっています。教皇はこの回勅で、わたしたちが暮らすこの大地を「共同の家」、「母なる大地」と呼び、この大切な大地が今や荒廃しつつある実情を嘆き、とくに貧しい人々が危機的状況にあることを憂い、わたしたちが総合的エコロジーに目覚めるようにと警告しているメッセージです。したがってこの回勅では、「大気、海洋、河川、土壌の汚染、生物多様性の消失、森林破壊、温暖化、砂漠化、山積された廃棄物などなど……」ついて論じています。この画期的な回勅は、人間の活動などが、他者や他の全被造物などに与える影響に関して、連帯と正義の視点からの考察が展開され、しわ寄せを被る開発途上国と将来世代に対し、担うべき責任についても鋭く問うている壮大なスケールの回勅です。もちろん今回わたしたちは、その内容について詳細な言及はいたしません。しかしそれでも、ここでわたしがこの回勅について語るのは、教皇がこの冒頭で語っていることから、アッシジのフランシスコについて語ることによって、アッシジのフランシスコが新教皇に及ぼした影響がいかに大きかったかについて知っていただきたいからです。

A　総合的エコロジーに魅力的、模範的な人・新教皇フランシスコ

さてフランシスコ教皇はこの回勅を、「ラウダート・シ、ミ・シニョーレ」――「わたしの主よ、あなたはたたえられますように」、というアッシジのフランシスコの、主への美しい賛美の祈りの紹介から始めています。新教皇は冒頭から、この回勅の核となるこの「世界」を、「わたしたち皆が共に暮らす家」に、「大地」を「わたしたちを養い生かす母」にたとえて、「わたしたちが皆ともに暮らす家は、わたしたちの生を分かち合う姉妹のような存在であり、わたしたちをその懐に抱こうと腕を広げる美しい母のような存在である」、という考えを前提に、「わたしの主よ、あなたはたたえられますように、わたしたちの姉妹である母なる大地は、わたしたちを養い、治め、さまざまな実と、色とりどりの草花を生みだします」、というアッシジのフランシスコの『太陽の歌』（庄司訳『アシジの聖フランシスコの小品集』、聖母の騎士社、一九八八年、52頁）からの一節を引用しています。

教皇はその後、本文の10番から、彼がなぜ教皇名をアッシジのフランシスコと名乗ったかについて、「ローマの司教に選ばれたとき、導きとインスピレーションを願って選んだ名前の持ち主である、あの魅力的で、人の心を動かさずにはおかない人物にふれないま、エコロジーについてのこの回勅を書くつもりはありません」と公言し、その理由について、彼の見事なまでの調和ある人としての魅力的な姿について、次のように述べています。

「聖フランシスコは、傷つきやすいものへの気遣いの最良の手本であり、喜びと真心をもって生きた、総合的なエコロジーの最高の模範である、とわたしは信じています。彼はエコロジーの分野で研究や仕事に携わるすべての人の守護聖人であり、キリスト者でない人々からも大いに愛されています。彼は殊のほか、被造物と、貧しい人や見捨てられた人を思いやりました。彼は愛に生き、またその喜び、寛大な献身、開かれた心のゆえに深く愛されました。飾ることなく、また神と、他者と自然、そして自分自身との見事な調和のうちに生きた神秘家であり巡礼者でした。自然への思いやり、貧しい人々のための正義、社会への積極的関与、そして内的平和、これらの間の結びつきがどれほど分かちがたいものであるかを、彼はわたしたちに示してくれます」（10番）

「美とは調和である」と言われますが、美しい人間も、人間を構成するいろいろな部分的要素が調和している人のことです。新教皇フランシスコの人気が、教皇として選出された当初から、洋の東西、老若、男女の如何を問わず、いかに高かったことを皆さんは容易に思い出すことができると思います。その一例としてわたしたちは、二〇一三年末に発表された、アメリカの有名な雑誌『タイム』誌をあげることができます。ご存じのように米誌『タイム』誌は、特別な思想、宗教、宗派、あるいは人種的、政治的相違などに偏ることのない、平均的で、庶民的な一般誌と評価されている、とわたしは思います。そしてこの雑誌は、毎年の年末号で、世界的立場から、その年で一番話題となった人を「今年の人」

として選び、その顔写真で雑誌の表紙を飾ります。残念ながらわたしはまだ選ばれていませんから、「先の楽しみ」ということになりますが、普通ここに選ばれる人は、その年、世界的に活躍した偉大な政治家、芸能人、文化人など、結果的には、いわば世間的に名をはせた人々の中から選ばれるのが普通です。したがって宗教界から「今年の人」が選出されることはあまりありません。ところが二〇一三年末のこの『タイム』誌は、新教皇が「今年の人」に選ばれた理由について、「謙虚な聖人」(アッシジのフランシスコ)の名で呼ばれ、「教会を癒しの場とするよう呼びかけた」と解説し、新教皇の顔が同誌の表紙を飾りました。

翌年の二〇一四年には、同じアメリカの経済雑誌『フォーチュン』も、教皇フランシスコを、「世界で最も偉大な指導者」に選んでいます。もちろん世間の人々の評価によって決まる「人気度」は、あくまでも一時的であり、決してそのまま永続するものではありませんが、しかしそれにしても、このように全く世俗的な雑誌でもこのように高く評価されていた、という事実は注目に価する、と言うべきでしょう。

B　自然界はわたしたちを神へと導く

新教皇は、見事なまでに、神秘家アッシジのフランシスコの特徴を採らえて、総合的エコロジーは、数学や生物学の言語では表現できない実存の世界を介して、人間であることの核心へとわたしたちを誘ってくれます。新教皇は、このことに関するアッシジのフランシスコの有名な体験について、「彼が太陽や月や小さな動物を見つめるときは、いつも歌があふれ出し、他の被造物すべてをその賛美に引き込み、被造界全体と心が通じ合っており、花々にさえ、『まるでそれらに理性があるかのように、……主を賛美するように』、と説きました。自身を取り巻く世界に対する彼の応答は、知的理解や採算をはるかに超えるものでした。それは、あらゆる被造物の一つ一つが、彼にとって、愛情のきずなによって結ばれた姉妹であったからです」、とさえ公言します。そしてフランシスコ教皇は、フランシスコ会を代表する中世の巨匠・聖ボナヴェントゥラ（St.BONAVNTURA・一二一七頃―七四・フランシスコ会神学者、枢機卿）が、創立者について言い残した、「すべてのものの根元的な源に思いをはせるとき、かれはあふれるような敬虔さに満たされ、どんな小さなものでも、あらゆる被造物を自分の兄弟・姉妹と呼んだ」（聖フランシスコ会監修『アシジの聖フランシスコ大伝記』、あかし書房、一九八一、１０６頁）、という言葉を、わたしたちに想起させています。このような確信に基づいて教皇は、「もしわたしたちが、畏敬と驚嘆の念をもたずに自然や環境に向かうなら、世界とのかかわりにおいて、友愛や美のことばを口にしなくなるなら、わたしたちの態度は、限度を設けることなく、当面の必要を満たそうとする支配者、消費者、冷酷な搾取者の態度になるでしょう」、と警告しています。そしてこれとは反対に、「もし存在するすべてのものと親密に結ばれていると感じるなら、節制と気遣いがおのずとわきでてくるでしょう。聖フランシスコの貧しさと簡素さは、禁欲生活の単なる外観ではなく、はるかに徹底したものであって、現実を利用や支配する単なる客体におとしめてしまうことへの拒絶なのです」、と励ましています（11番）。

C　聖書的根拠

このように、自然との神秘的で密接な関係を強調する教皇フランシスコは、わたしたちに、自然を「神がそこでわたしたちに語りかけ、ご自分の無限の美や善を垣間見せてくれる一冊の本とみなすよう誘います」、とも言明しています。このような弁解できないほどの説得力のある言葉は、明らかに旧約の有名な『知恵の書』からの引用です。

『知恵の書』の作者は、自然を、神の偉大な業、無限なる力と、美の反映だと認め、従って、全ての被造物の内に、わたしたちは、完全なる神の足跡を見ることができるから、自然界についての正しい認識から、わたしたちは神にまで辿りつくことができるはずだ、と主張します。とはいっても作者は、神と自然界との関係を同一視する汎神論的立場に立ってこのように捉えているのではなく、あくまでも因果関係において把握しています。

さて問題の『知恵の書』の著者は、万物の創造主である神と被造物との因果関係について、次のように語っています。

「神を知らない人々はみな、生まれつきの愚か者である。

彼らは目に見える善いものを通して、存在そのものである方を知ることができず、

またその業に目を留めながら、その作者を認めなかった。

かえって、彼らは、火、風、疾風、星の循環、激風、天に光るもの、
世界を司るこれらのものを神々とみなした。
それらの美しさを見て喜び、それらを自分の神々とする彼らであれば、
それらの支配者である主がどれほど優れているかを、知ることができるはずではないか。
それらを造ったのは、美の創始者であったのだから。
また、それらの力と働きに心を打たれる彼らであれば、
それらを形づくられた方がどれほど力強い方であるかを、
それらを通して悟ることができるはずではないか。
被造物の偉大さと美から推し量ることで、その造り主を認めることができる。
……
彼らは神の業と慣れ親しんで、神を探し求める。
しかし、彼らは、外観にだけ心を留める。
目に映るものがまことに美しいから。
とはいえ、彼らを許すわけにはいかない。
宇宙について推し量れるほどの　知性を備えた彼らであれば、
なぜもっと早く、それらのものの支配者である、主を見出さなかったのか」
（13・1－9参照）

またパウロも、同じ教えをローマ人に宛てた手紙で、特に神を認めない人々に宛てて、次のように書き送っています。

「不義を行って真理を阻んでいる人々の、あらゆる不信仰と不義に対する神の怒りが、天から現れます。なぜなら、神について知りうる事柄は、彼らにも明らかだからです。神がそれらを明らかに示されたのです。神の永遠の力や神性のような、神について目に見えない事柄は、宇宙創造の時から、造られた物を通して明らかに悟ることができます。したがって、彼らには弁解の余地がありません。それというのも、彼らは神を知っていながら、神としてたたえず、感謝をささげることもせず、むなしい思いに耽り、心は分かろうとせず暗くなっているからです。彼らは、自ら知恵ある者と称しながら、愚かな者となり、栄光に輝く不滅の神の代わりに滅び去る人間、鳥、獣、這うものなどの形をした偶像を礼拝しています」（ロマ1・18－23）

このような聖書的根拠のもと、フランシスコ教皇は、アッシジのフランシスコが、「野の花々や香花が成長できて、またそれらを見る人々がそうした創造主である神を心から仰げるようにと、修道院の庭の一部を、つねに人の手が加わらない状態にしておくように」と求めていた、と記しています（回勅『ラウダート・シ』12番参照）。

いずれにせよわたしたちは、新教皇フランシスコが、いかにアッシジのフランシスコを尊敬し、彼を慕っていたかを知ることができますし、彼が教皇に選出された時、なぜアッシジのフランシスコを、自分の教皇名として選んだのかも容易に理解することもできるでしょう。

4　新教皇フランシスコの教皇としての使命

以上の考察からわたしたちは、新教皇がアッシジのフランシスコをいかに尊敬し、深く慕っていたかを、そして彼がなぜ、自分の教皇名としてアッシジのフランシスコを選んだかについて、十分に納得することができる、と思います。しかしわたしたちの好奇心は、これだけにとどまりそうもありません。もう一歩先の問題、すなわち新教皇は、アッシジのフランシスコの生き方の内に、教皇としての何かの使命を読み取っていたのではないだろうかという、もう一つの疑問がまだ残るからです。換言すれば、新教皇は、ご自分が教皇名として「アッシジのフランシスコ」を選んだ時、この中世の偉大な聖者を介して、教皇として自らに課せられる何か重大な使命を感じ取っていたのではないだろうか、という疑問です。

先ほど皆さんにご紹介しました『教皇フランシスコ』（新教出版社）の著者マリオ・エスコバル氏は、アッシジのフランシスコの神からの召命についての聖ボナヴェントゥラの貴重な記録を紹介していますが、それは著者が、新教皇フランシスコと、アッシジのフランシスコとの間に、召命的に、何かの類似点を感じ取っていたからではないだろうか、とわたしは考えました。まずは以下、ボナヴェントゥラの証言をご紹介しましょう。
「ある日、フランチェスコは瞑想しようと野に向かった。サン・ダミアーノ教会に通りかかると、荒れ果てた会堂が目にとまり、聖霊に導かれるまま足を踏み入れた。キリスト処刑像の前でひざまずき、祈りを捧げる。その瞬間、口では言い表せない大きな安堵感に心を満たされた。涙で瞳を潤ませながら十字架上のキリスト、その目を見つめる。突如十字架から声が聞こえる。声の主は紛れもなく十字架上の男だ。三度同じ言葉で訴える。『フランチェスコよ、見てのとおりわたしの家は崩れかけている。行ってすぐに直してくれ！』身震いするフランチェスコ。堂内にいるのは自分だけだが、確かに何かが語りかけてきたのだ。透明な響きの声を耳にし、神々しい言葉の力を心に感じた瞬間、得も言われぬ恍惚状態に陥った。やがて、われに返ると、教会の修理に力を注ぎはじめた。神の声はキリストが血を流して設立された教会の立て直しを命じたのだが、彼は会堂の修理を命じられたと思ったからである」（１３６頁）
　新教皇が、自分の教皇名として「アッシジのフランシスコ」を宣言した時、彼の脳裏には確かに、「崩れかけている教会堂」を立て直す使命を受けたアッシジの聖者を介して、キリストご自身がすべての人々の救いのために設立されたキリストの神秘的体である「教会」を立て直せ、というキリストからの使命の伝達として受け止めたことを意味しているのではないでしょうか。この建て直す人こそが改革者です。

パウロはキリストの教会を「人間の体」（Ⅰコリ12章）に喩えて、「キリストの神秘的体」と呼んでいます。

教会がキリストの体であるならば、わたしたちは皆、その生きている肢体です。しかし生きているかぎり、病み、疲労困憊して、すっかりやる気を失ったり、あるいは崩れ落ちるような状態に陥ることもあるでしょう。そのたび毎に、わたしたちに覚醒を呼びかけ、つよく励ましながら、先頭に立って歩きだす指導者が必要です。このような指導者こそが真の意味での「改革者」です。「改革者」とは「創始者」や「革命者」とは異なります。「革命者」は、極めて短期間の間に、しばしば暴力的手段さえも辞さず、あえて大きな変化を遂行する人であり、「創設者」とは、まったく新しい何かを開始する人のことです。これに対して「改革者」は、すでに開始されている事業の道筋を軌道修正しながら完成させる人だ、と言えるでしょう。だからこそ改革者はその道が険しく、予想外の種々な困難をも覚悟しなければならないのです。

かつてキリストはシモン・ペトロに、彼が遭遇する未来の困難のなかで、ご自分の後継者として担わなければならない大きな使命について、「シモン、シモン、サタンは、あなたがたを小麦のようにふるいにかけることを願った。しかし、あなたの信仰がなくならないよう、わたしはあなたのために祈った。それで、あなたが立ち直った時、兄弟たちを力づけなさい」、と仰せになっています。

イエスはペトロに、「あなたが立ち直った時」、と仰せられていますから、ここでは、ペトロも倒れる、弱い一人の人間であることが示唆されています。それまで自分の人間的弱さをそれほど自覚していなかったペトロは、「主よ、わたしはあなたとともに牢獄に入り、死ぬ覚悟があります」、と断言しています。すると、すべてを知っておられる主は、彼に、「ペトロよ、あなたに言っておく。今日、鶏が鳴く前に、あなたは三度わたしを知らないと言うであろう」、と仰せになっています（ルカ22・31－34参照）。

このように新教皇は、アッシジのフランシスコを名乗ることによって、自分が教皇職に相応しくないことを承知しつつも、あえて兄弟たちを「力づける」指導者、改革者となりなさいという、キリストがペトロに仰せられた呼びかけを、自分へのそれとして受け止め、快諾されたのではないでしょうか。こうして現代教会の改革者・フランシスコ教皇は誕生し、その貴重な第一歩を歩き始められたのです。

さてそれでは、新教皇がわたしたちとともに歩こうと呼びかけておられる「改革」とはどのような改革でしょうか。これが次回からの講演のテーマになります。

第三章　改革者・教皇フランシスコ

I　教皇フランシスコ自身のイメージ・チェンジ

「キリストの神秘体」である教会は、キリストの背丈まで成長しなければなりませんから、教会は常に、その改革を継続してきました。特に第二バチカン公会議の影響のもと、教皇フランシスコの三人の先任者であったヨハネ二十三世とパウロ六世、そしてヨハネ・パウロ二世のカリスマ的手腕によって、教会改革は大きく前進しましたが、それでも伝統あるカトリック教会を根本的に改革するには至っていませんでした。カトリック教会の構造は何世紀にもわたって維持され、発展してきたものですから、これを数人の教皇によって改革することが容易でないことは明白です。それだけに新教皇の教会改革は先ず、彼自身の足元から始めなければならず、それだけに彼が企てていた計画の実践は大胆であり、野心的でもあった、と言わなければなりませんでした。

1　新教皇は、伝統的教皇像の変革をも恐れず、必要な改革に挑んでおられる

新教皇は就任直後から、それまでは教皇庁では日常的に行われていた習慣を破ってでも、これまでの教皇像のイメージ・チェンジに挑まれました。たとえば長い演説や、荘厳ではありながらも、回りくどい表現を避け、直接的で、分かりやすいことばで民衆に語りかけられたのもその一つだったでしょう。

また新教皇はアルゼンチン時代、マスコミとのつき合いはあまり得意ではなかったばかりか、むしろ「マスコミ嫌い」として知られていたようですが、教皇に選出された後は、それが意図的であるか否かは分かりませんが、とにかく彼の「マスコミ手腕は超一流」と評価されています。その一例として、マスコミ関係者たちはこぞって、教皇のブラジルからの帰途中に行われた機内での記者会見のことを話題にします。この会見で教皇は立ったままの姿で一時間も話し続けられ、ブエノスアイレス大司教の「マスコミ嫌い」の残像を払拭された、と評判だったそうです。しかもその場では、メモ帳も持たず、あらゆる質問に、やさしく、微笑みながら、快く応えられるフランシスコ教皇に、同行記者たちは魅了され、感動した、と伝えられています。

教皇は三月十九日の就任式を、従来の「即位式」、あるいは「戴冠式」とは呼ばず、謁見の間で用いた「玉座」を廃止し、海外旅行中にも防弾ガラスや、厳格すぎる装備を止めて、障害者や弱者との触れ合いを重視し、容易にしました。新教皇は他にも、たとえば典

礼におけるあまりにも大げさな装飾や、儀式、たとえば大聖堂入堂時に教皇をお神輿のような大きな、しかも美しく装飾された重い玉座の上に座らせて教皇ご自身を運んでいた伝統的な行列や、彼を訪問先へ運ぶために用意されていたお神輿上の玉座も拒否し、中世期から続いていた教会の支配権の象徴となる従来の豪華な戴冠や三重冠を取り払い、キリストの徹底的な謙遜をモットーとするために、小さなボリュームに替えました。

わたしたちは教皇がお住まいになっているところを、よく「バチカン宮殿」と呼びます。「宮殿」と言えば確かに聞こえはいいし、どこからともなく美しいクラシックが静かに流れ、足もみえなくなりそうな厚いじゅうたんの上を、音もなく軽やかに歩く王や女王のお姿を想像するかもしれません。しかしバチカン宮殿では、角々や要所、要所に、形式的に正装したスイス衛兵が立っているだけなのだそうです。

わたしが聞いて驚いたバチカン宮殿についての噂話の一つをご紹介しましょう。それは前教皇ベネディクト十六世の就任当時のことですが、宮殿内の雨漏りがあまりにもひどく、はじめはバケツで対応したそうですが、ついにその限界を知った職員たちが、口のかたいローマ在住の複数の大工を呼び、秘密裏に修理をさせたという、日本ではまさに週刊誌的な恰好な噂を、わたしはローマで、タクシーの運転手から聞いたことがあります。噂の真偽に関してわたしは責任を持てませんが、十分にあり得ることだと思います。

わたしたちのここでの話題の主人公は、あくまでも新教皇フランシスコですから、ここで、もとの話題に戻りましょう。彼は清貧の点でも有名です。彼は教皇に選出された後も、バチカン宮殿ではなく、すぐ傍の「聖マルタの家」に居を構え、素朴に生活しながら、事務的な仕事や、公的な聖務を行うために、毎朝宮殿に通っておられます。「聖マルタの家」とは、たとえば教皇選挙の場合、世界中から集まった枢機卿たちが宿泊する宿舎ですが、しかし平日は、一般の聖職者たちも宿泊できます。エレベータで上がると、その降り口には、教皇自身が両手を大きく広げて待っておられるそうです。しかしこれは、わたしの体験ではなく、日本のある高位聖職者から聞いた話です。わたしも、かつてこの「聖マルタの家」に住んでおられた、故濱尾枢機卿を訪ねたことはありますが、それだけのことです。

枢機卿時代にたびたび、ローマ、アルゼンチンの往復によく利用していたアリタリア航空のパイロットは、未来の教皇ベルゴリオ枢機卿とすっかり親しくなり、自宅にも招く仲になったそうですが、彼の証言によると、「ベルゴリオは、知識や地位を楯に人との間に壁を築くようなタイプではなく、批判にも真っ向から応じ、常に他者に配慮し、学びつづける人物だ」そうです。「われわれの社会ではしばしば、金や地位、名声などによって、人間的価値が決定されますが、彼は謙虚と奉仕の精神に基づいて行動する偉大な人だ、と言わざるをえないでしょう」、とも証言しています。

前にも紹介しました作家のマリオ・エスコバル氏は、ベルゴリオ枢機卿と親しくなったアリタリア航空の他のパイロット・アルド・カニューリの簡潔で、明確な次の証言を、その著書のなかで紹介しています。

「何よりも彼が偉大なのは、豊富な知識と気取らない姿勢、共感する心と真面目さ、開けた精神と公正さがみごとに結びついていることに尽きます。自分が人に教えることができるものを多く持っているにもかかわらず、人に耳を傾け、人から学ぼうとする姿勢も含めて、まれにみる存在だと思います。本人はごく自然に、しかも他者から見れば驚きに映ることを平然とやってのけている。教会にいる者はもちろんですが、教会の外にいる人たちも、本来はあのように振る舞うべきなのでしょうが、残念ながら、現実はそうでありませんね」(本文143-144頁)。

新教皇は、イエスの善い羊と牧者の喩え(ヨハ10章)から、まず自分自身が、羊の匂いがする牧者であることを深く望んでおられたようです。それまで100%生きている羊、あるいは迷える羊を探し求め、あるいは傷つき倒れている子羊たちを癒し回っていた、まさに現場漬けだった彼が、急に、しかも初めて、教皇庁の官僚や外交官らと日夜顔を合わせ、信徒たちと共に居ない、いわばエリート的、教会の高位聖職者としての官僚生活は、寂しく、侘しかったことでしょう。彼にとって「羊の匂い」とは、信徒とのかかわりの深さを計るバローメータだったからです。だから彼は、教皇としての重任を果たしながらも、常に、自分に任せられている羊と牧者との美しい関係をさらに深めるよう努めたでしょうし、それが次にみる教会改革につながった、というべきでしょう。

教皇フランシスコはよく、彼の先任者ベネディクト十六世と比較されます。前にも申しましたように、すべての教皇は、広い意味で「時代が生んだ人物」ですから、二人の教皇を単に並列的に比較することは大きな間違いの原因ともなりかねません。このことを前提に考えますと、前者のベネディクト十六世は、二十世紀のカトリックを代表する大神学者であり、伝統的で、しかも深い研究と執筆活動に励む、偉大な大知識人でした。しかし新教皇については、どのように表現したらより的確かは分かりませんが、より「庶民的教皇」、と言えるかもしれません。しかし「庶民的教皇」という表現は、皆さんをかえって惑わすかもわかりません。「キリストの代理者」である「教皇」のイメージと、「庶民的教皇」のそれとは、あまりにもかけ離れた感じがするからです。そこでこのような違和感を覚える方々のために、マリオ・エスコバル氏は、その著『教皇フランシスコ』（前掲187－190頁）で紹介されている一つの具体的事例によって説明しています。

新教皇は、大司教時代には地下鉄や、バスで各小教区を訪れ、人々と直接に顔を合わせ、彼らに耳を傾けていました。彼のこのようなやり方は、教会から外に出ようとしない、特に当時の数多くの高位聖職者たちとは、全く正反対でした。彼は信徒たちと出会うとまず、自分のために祈ってほしいと願っていたそうです。彼は、親しみやすさと同時に、自分も何ら変わりない弱さを備えた同じ人間であることをアピールしていました。次のような逸話が語り継がれています。

それは三月十九日の就任式当日のことですが、時差の関係上、新教皇就任式はすでに夜更けになっていました。ローマのバチカンと、ブエノスアイレス・五月広場との間は、直通電話で結ばれ、大スクリーンに映し出された教皇フランシスコは、集まった人々の（その大半が若者だったそうですが）多さに驚いておられたそうです。かつて枢機卿時代に、彼が日夜職務を執っておられた大司教館の執務室とは、まさに目と鼻の先にある五月広場には、バチカンとアルゼンチンの国旗が大きくたなびいていました。選出されたばかりの新教皇はまず、深夜にもかかわらず、故郷の人々が祈りのために集まってくれたことに感謝の言葉を述べると、次のような大切なメッセージを伝えています。

「互いの命をいとおしみ、家族、自然を大切にし、子どもやお年寄りを守りましょう。憎しみを抱かず、争いを起こさず、妬みを脇に追いやって、誰のことも非難せず、対話を持つよう努めてください」

そのように告げると、バチカンの国旗色にライトアップされた大聖堂に向かって観衆は総立ちになり、会場は拍手喝采の渦につつまれました。その中で新教皇は最後に、「遠く離れて皆さんをたえず思っている司教のことを、わたしのことを忘れないで。そして、どうかわたしのために祈ってください」、という言葉で電話は終了しています。

2　教皇庁の改革

教皇フランシスコの改革の刃は、当然なことながら、まずは教皇庁で働く全職員に向けられました。二〇一四年十二月、教皇は、教皇庁内でのクリスマスを祝う恒例の行事で、彼らに一発の強烈なパンチを見舞ったのだそうです。

教皇庁の職員ってどれ位の数いるのだろうか。わたしはふとそのように考えたことがありました。しかしこのようにくだらないことを考える人は、わたし以外にもいたようです。ある新聞記者が、時の教皇ヨハネ二十三世に、「バチカンでは何人の人が働いていますか」と尋ねたそうです。すると教皇は悪戯っぽく笑いながら、「いい質問ですねー。全員の半分ですよー」って答えたそうです。けだしこれは「名答」だと言わざるをえません。

聖ペトロ広場で何か行事が予定されていても、なかなかその設備の準備が始まらない。「間に合うのだろうか」、と心配していると、それでもちゃんと間に合うように準備が完了します。このようなことを日常茶飯事的に見せつけられる度にわたしも、一体何人の人が働いているのだろう、という思いを新たにしたものです。

いずれにせよ、高位聖職者を含むバチカンの全職員を前に、教皇フランシスコは「ここには、十五の病が蔓延していて、このために神への奉仕が弱まっている」、と語りはじめられたのだそうです。参加者のなかには、クリスマスを祝う日に、そんなに厳しいことを言わなくとも、と呟く人もいた、とも伝えられていますが、それは教皇の具体的な叱責がいかに的を射ていたかを証しすることでもあるでしょう。このフランシスコ教皇の「十五の病」については、他日に申しました通り、わたしが昨年末に引っ越しをした時、前にお世話になっていた修道会にすべての蔵書を置いて出ましたので、その原文を持ち合わせていません。そこで以下は、読売新聞社をはじめ、ワシントン特派員やローマ支局長、富山国際大学教授を経て、現在江戸川大学教授の秦野るり子『悩めるローマ法王フランシスコの改革』（中央公論新社、94－96頁参照）で翻訳しておられることを、ここではそのまま引用させていただきます。これは、バチカンの官僚でなくても、現代社会で働くすべての人に言えることだ、と思いますから、他人ごととは思わないで、皆さんも、謙虚な反省の材料とされてはいかがでしょうか。

さて教皇フランシスコは、バチカンの官僚の高位聖職者をはじめ全職員に向けて、「十五の病」と称して次のように具体的に指摘しています。

①自分たちを「不滅」で「不可欠」だと思っている。自己批判できず、改革できないのは、病んだ組織である。
②働きすぎ。必要な休息を無視するとストレスや不安につながる。
③心と精神の石化。泣いている人とともに泣き、喜んでいる人とともに喜ぶといった人間的感性を失うのは危険だ。
④過度な計画性。機能主義。聖霊による導きは常に、人間の計画より大きく寛大である。
⑤悪い調和。オーケストラのメンバーが協力しなければ耳障りな雑音を発することになる。

⑥霊的な認知症。自らの魂の救済や神との歴史を忘れてしまっている。
⑦競争心や尊大な態度。（位階を示す）ローブの色や肩書が、人生の最優先の目標になってしまう。
⑧二重生活を送る者に巣くう分裂症。司牧的奉仕を捨て、現実や人々と触れ合うことなく書類ばかりと向き合う。この深刻な病を治すことは緊急で不可欠である。
⑨陰口や噂を囁く。直接話す勇気のない卑怯者の行為。ゴシップのテロに気をつけよ。
⑩指導者へのごますり。出世第一主義の悪弊だ。
⑪他者への無関心。嫉妬心から、他者が困っているのを見てうれしがり、手を差し伸べようとはしない。
⑫陰鬱な顔をするという病。心が神に満たされていれば楽しく、周囲にも喜びが伝播する。厳しい側面でもほどほどのユーモアのある楽しい人になろう。
⑬蓄財、物欲。
⑭排他的な内輪グループを作る病。良好な意向で始めたものであっても、調和を乱すがんになる。
⑮世俗的な利益と自己顕示欲。貪欲に力を増大させ、他者よりも能力があることを示すためには、新聞や雑誌を利用してまで他人を誹謗中傷することもある。

以上が、秦野るり子氏によって引用されている教皇フランシスコが厳しく指摘している

「教皇庁内の十五の病」と称されたものを、わたしはそのままここで借用して皆さんにご紹介したわけです。しかし皆さん、どうぞこのようなことを聞いて躓かないでください。教皇庁がその官僚や職員を選ぶ時、天使や完全無欠な人間を探し回って選ぶのではありません。確かに選ばれた方々は、知的にも、霊的にも、そして技術的にも優秀で、熱心な、そして真面目な方々です。しかし間違いなく、彼らもわたしたちと全く同じ人間です。人間ですから欠点もあれば、弱さもあります。

わたしも、バチカンの元官僚や現官僚、あるいは役員の方々を多く知っています。中には机を並べて寝食を共にし、試験の時には競い合って勉強した同僚もいます。もういちど申しますが、彼らとて立派な方々です。わたしは「彼らを完全な人間」とは言っていません。霊的、知的、そして人間的にも大変優れた方々ですが、生の人間であるかぎり、人間的欠点や弱さも持っていて、その意味では、他者からの勧告や、特に上司からの注意も必要、かつ不可欠です。古来、「職業は人をつくる」と言われますし、「大工は大工しながら大工になる」とも言われます。人間は自分に課せられた任務をより忠実に生きることによって、「人間として」成長し、完成されるものです。バチカンの官僚や職員たちも、すでに完成された人物だからその職務についているのではなく、与えられた職務を果たしながら、完成への険しい道を歩いているのではないでしょうか。

Ⅱ　カトリック教会の外交的改革

　前にも指摘しましたように、改革は革命とは異なります。革命は、崩壊した前の政治統制が新しい統治体制に代わること、あるいは、かつての被支配者が、それまでの支配者から政治権力を奪い、場合によっては暴力的手段を行使して社会組織を急激に変更させることだ、とわたしは思っています。

　今わたしたちが論じていることは、フランシスコ教皇の改革についてですから、決して彼の革命についてではありません。かつて「平和の君」として期待されていたキリストは、そのために十字架上で無残な死を遂げられました。キリストを徹底的に模倣されたアッシジのフランシスコも、すべての人だけではなく、生きとし生けるものすべてを神の被造物として愛しましたから、彼を自己の生涯の師と仰ぎ、彼の保護のもと、ペトロの後継者として、その重任を担って歩こうとする新教皇が、革命を志すはずはありません。彼が強く志しているのは、たとえその言葉がどれだけ強烈であっても、それは温かい改革への願望だったことを、皆さんはここでもう一度心に刻んで、わたしの話の続きをお聞きください。

それにもう一つお願いしたいことは、「カトリック教会の外交的改革」という、とてつもない大きなタイトルについてです。教皇が関わっておられる外交問題は、内容的にも、範囲的にも、そしてもちろん量的にも、わたしごとき人間が語れるようなものではありません。ましてや、今や隠居の身で、参考文献も参考書もない、文字通り「裸の王様」ならまだしも、「裸の老人」に過ぎないこのわたしが、ここで話せるようなテーマでもありません。しかし今回は、新教皇の外交に関する改革として、「エキュメニズム」と「ユダヤ教」、そして「中国問題」を、フランシスコ教皇の改革という観点からお話ししようと思います。

1　エキュメニズム

「エキュメニズム」とは、キリスト教会の一致促進運動のことで、したがって基本的には、キリスト教内部の、教派間の対話に基づく、一致と協力を意味しますが、今日ではより幅広く、宗教間の対話と、多種多様な協力をも包含しています。しかしここでわたしは、前者の意味でこの言葉を使用します。

現代のエキュメニカル運動の先駆的流れは、一九一〇年エディンバラで開催された、世界宣教会議とされています。この歴史的会議が契機となり、四八年のアムステルダム会議で、世界教会協議会（WCC）が設立されました。六一年には、アジアの教会とロシア・東方正教会もこれに加盟しました。他方カトリック教会は、元来プロテスト主導のこのエキュメニズム運動には懐疑的であり、警戒的でしたが、第二バチカン公会議（一九六二－六五）以降に、この世界協議会に加盟することになります。カトリック教会も、これまで政治的に競ってきた「別れた兄弟たち」との対話を進め、再一致を再現し、常に一致を求められたイエス・キリストの願望を実現し、キリスト教の宗教的勢力の回復を図っています。しかしエキュメニズムついて考察する前に、キリストの教会の固有な特徴について一言言及しておかなければなりません。これこそが、エキュメニカル運動の基盤となるからです。

A　キリストが創設された教会の固有的特徴

教会の創立者であるイエス・キリストは、「単一性」と「唯一性」を特徴とする教会を設立されました。しかし残念なことに、単一で、唯一であるべきキリストの教会は分裂を重ね、ついに多くのキリスト教共同体が、自分たちこそが、イエス・キリストの真の後継者だと自称し、分裂の傷を深めました。しかしこのような分裂ほど、キリストの意に背くことはありません。キリストは弟子たちのために、「父よ、あなたがわたしのうちにあり、わたしがあなたのうちにあるように、すべての人を一つにしてください。そうすれば、世は、あなたがわたしをお遣わしになったことを信じるようになります」（ヨハ17・21）、と祈られました。そしてご自分の教会の中に制定された感嘆すべき聖体の秘跡によって、教会の一致が表され、もたらされるようにされました。またご自分の弟子たちに相互愛の新しいおきてを授け（ヨハ13・34参照）、主およびいのちの与え主として、永久に彼らとともにとどまるはずの弁護者である霊を約束なさいました（ヨハ16・7参照）。

それゆえに第二バチカン公会議の教父たちは、『エキュメニズムに関する教令』で、次のように宣言しているのです。

「十字架に上げられ栄光を受けた主イエスは、約束された聖霊を注ぎ、その霊を通して新約の民、すなわち教会を、信仰・希望・愛の一致へと招き、集めた。それは使徒が教えているとおりである。すなわち、『からだはひとつ、霊はひとつです。それはあなたがたが、一つの希望にあずかるようにと召されているのと同じです。主は一人、信仰は一つ、洗礼はひとつです』（エフェ4・4－5）。実に、『洗礼を受けてキリストに結ばれたあなたがたは皆、キリストを着ているからです。……あなたがたは皆、キリスト・イエスにおいて一つだからです』（ガラ27－28）。信じる者たちの中に住み、教会全体に満ち、これを治めている聖霊は、信者たちの感嘆すべき交わりを実現し、すべての人をキリストにおいて固く結び合わせて、教会の一致の源泉となっている。この聖霊は、種々の恵みと奉仕を分配し、種々の任務をもってイエス・キリストの教会を豊かにし『こうして聖なる者たちは奉仕の業に適した者とされ、キリストのからだを造り上げてゆく』（エフェ4・12）のである」（エキュ2条）

さらに第二バチカン公会議は次のように続けています。

「しかしイエス・キリストは、使徒たちとその後継者、すなわちペトロの後継者を頭とする司教たちの忠実な福音宣教と秘跡の授与、そして愛の統治によって、聖霊の働きのもとに、自分の民が増大することを望み、その交わりを一致のうちに、すなわち、唯一の信仰の告白、共同で行う神の礼拝、さらに神の家族の兄弟的融和のうちに完成する」（右同）

そして公会議は、「こうして神の唯一の群れである教会は、諸国民に向けて、掲げられたしるしとして、平和の福音を全人類に告げながら、上にある祖国を目指し、希望のうちに旅を続ける」と結論しています（右同参照）。ここでわたしたちがよく注意しなければならないことは、教会の「唯一性」を、キリストが設立された教会の「しるし」と指摘していることとです。ところが教会はその長い歴史を通して、この大切な「しるし」について論争を繰り返してきました。たとえばすでにパウロは、コリントの教会内の内部分裂の事実を嘆きながら、次のように書き送っています。

「さて、兄弟たち、わたしたちの主イエス・キリストの名によって、あなたがたにお願いします。みな同じ主張をし、仲間割れなどせずに、同じ心、同じ思いでしっかり団結してください。わたしの兄弟たち、実は、あなた方の間に争いがあると、クロエ家の人々から聞かされたのです。あなた方は各々『わたしはパウロのもの』、『わたしはアポロのもの』、『わたしはケファのもの』、『わたしはキリストのもの』と言っているそうではありませんか。キリストは、いくつにも分けられてしまったのでしょうか。パウロが、あなた方のために十字架につけられたのでしょうか。あるいは、あなた方は、パウロのものとなるために洗礼を受けたのでしょうか。わたしは神に感謝しています。クリスポとガイオ以外には、あなた方の誰にも洗礼を授けてはいないからです。それ故、あなた方がパウロのものとなるために洗礼を受けたなどと誰も言うことはできないのです。そう言えば、ステファナの家の者にも洗礼を授けましたが、そのほかは誰にも授けた覚えはありません。キリストがわたしをお遣わしになったのは、洗礼を授けるためではなく、福音を宣べ伝えるためでした。それも、キリストの十字架が無意味なものとならないように、知恵に溢れた雄弁によらずに伝えるためでした」（Ｉコリ１・10－17）

B　カトリック教会の分裂

「針の穴のような小さな穴から池は崩れる」、と言われますが、盤石な基盤の上に築かれたはずのキリストの教会、しかも「単一性」と「唯一性」を固有的特徴として創設されたはずの教会でしたが、まさに「針の穴」にも等しい小さな信仰の相違から、大きな音を立てて、分裂を繰り返すことになります。それが東方教会とプロテスタント諸派の分裂でした。

①東方諸教会との関係

「東方教会」は、今日一般的には「東方正教会」、あるいは「ギリシア正教会」をさしますが、正確には、一〇五四年の、東西教会分裂以前、西方教会に対して言われた東方の教会（東方正教会の前身）のことです。

他方「東方教会」は、東方キリスト教会という広い意味で、すなわち、東方正教会と東方諸教会をも含む意味で用いられる場合もあります。それゆえに、「東方諸教会」は、「東方正教会」（ロシア正教会、ルーマニア正教会、ギリシア正教会、日本ハリストス正教会など）と、東方諸教会（アルメニア教会、コプト教会、ネストリウス派教会など）の総称ともなっています。

東方諸教会のカトリック教会から分裂の最大の原因は、長年にわたって激しく論争され続けた「三位一体論」や「キリスト論の確立」だったとされます。両者間の神学的論争については あまりにも専門的になりますので、その教義的解説は他の機会に譲らなければなりません。

それにしてもカトリック教会は、東方の諸教会が、その起源から有している多くの証し、特に典礼と霊性の面で多くの宝を受け継いでいることを認め、今日でも親しく、いい交わりを続けています。

教義的にも三位一体と、処女マリアから受肉した神のみことばについてのキリスト教信仰の基本的教義が、東方で開催された公会議で決定されたこと、そしてこの信仰を保持するために、東方の諸教会は多くの苦難に耐えてきたし、今もなお耐えていることを、わたしたちは決して過小評価してはならないでしょう。

フランシスコ教皇の東方教会との外交については、二〇一六年二月十二日、教皇は、ロシア正教会のキリル総主教と、キューバの首都ハバナのホセ・マルティ国際空港で歴史的会談を行っています。この会談が「歴史的」といわれるのは、一〇五四年に東西キリスト教会が、相互に相手を破門し合って以来の出来事だったからです。この会談の内容が、中東やアフリカで過激派の暴力にさらされていたキリスト教徒の保護と、東西キリスト教徒の再統一を巡る問題だったことは明白でした。すでに一九六五年、パウロ六世教皇とコンスタンティノープル総主教アテナゴラスとの間で、相互破門宣言は取り消されていましたから、これは明らかに、エキュメニズムを進めた第二バチカン公会議の結果を継承したフランシスコ教皇の実りだった、と言えるでしょう。

二〇一五年六月、ローマを訪問したプーチン大統領も、フランシスコ教皇と会談していますが、その場でプーチン大統領は、共産主義を捨てたロシアにとって、精神的支柱となるのはロシア正教である、と発言しています。その前年、ウクライナのクリミア半島を併合したロシアに対するバチカンの警戒心は強かったにもかかわらず、ここで教皇が直ちにプーチン大統領との会談に応じたのには、それだけの理由があった、と専門家たちは指摘しています。その理由というのは、まずイラク戦争（二〇〇三年）以来、米国外交への不信であり（バチカンなどの反対を押し切ってイラクに米軍を派遣した結果、中東の混乱が深まったこと）、シリアについては米国の軍事介入よりも、正教会を通じた外交的努力を求めてきたからです。

一方、一八年九月、ロシア正教会はコンスタンティノープル総主教庁との関係を一部停止しました。ウクライナではロシア正教離れが進んでいたため、ウクライナの正教会の独立を認めたことへの報復であり、正教会は分裂の危機にあったからです。

教皇フランシスコとパロリン国務長官は、この半世紀にわたって、さらにこの数年で大きく進展した東方正教会との対話路線を維持する方向にありますから、かつてヨハネ・パウロ二世が、「教会が二つの肺で呼吸してもよい」と述べたように、フランシスコのもとで、カトリック教会と東方正教会の再統一というよりも、東西の対話を通して共存をはかっていく模様だとも言えます（東方教会との関係については、乗浩子著『教皇フランシスコ　南の世界から』、平凡社、２４８－２５０頁参照）。

②西欧プロテスタントの関係

教会の分裂は、創始者・イエス・キリストが、尊いいのちを捧げつくして設立された教会を踏みにじり、崩壊し、背を向け、唾をかけて離れ去って行くようなものだからです。

人間は感情的になっている時、客観的な自己認識力と、正しい判断力を失い、偏見に由来する憎悪の念がさらに深まり、結果的には分裂の溝を深め、痛々しい傷口をさらに深くします。しかし時の流れとともに、怒りや憎しみの情が和らぎ、徐々に冷静さを取り戻し、厳しい自己反省とともに、対話への願望も深まっていくものです。ヨーロッパを中心に「宗教改革」の名のもと、多くの兄弟たちがカトリック教会を離れ去った時、人々はお互いに相手を非難し合い、断罪し合い、神の名によって戦い、殺戮をさえ繰り返してきました。しかし多くの善意ある人々は、このような状況を嘆き、対話への道を模索し続けていました。幸いに今日は、世界の多くの国や地域で、多くの人が聖霊の恵みの息吹き、祈りと、言葉と行動によって、イエス・キリストが望まれた一致の完成に到達するために、一致努力しています。このような対話と一致への運動に拍車をかけたのが、カトリック教会が開催した第二バチカン公会議でした（一九六二－六五年）。

教皇ヨハネ二十三世は、即位直後に、第二バチカン公会議の開催を宣言して、世界の人々を驚かせました。教皇は、百年振りに開かれるこの公会議の目的を、「カトリック教会の刷新」、と「現代世界との対話」だ、と明言しました。それまでの公会議はいつも、何か異端的教義、あるいはそれに類する「倫理問題」などが発生した時に、逸早くその真偽を判断して、その結果を公表し、信徒たちの信仰を守るために開催されていました。従って過去の公会議には、信仰を明白にするために、どうしても教会側からの誤謬説に対する断固とした断罪や糾弾もさけられませんでした。

ところがヨハネ二十三世教皇は、「今度の公会議では誰も断罪しない」、「もっぱら人々の意見を聴きたい」、と公言されました。教会のこのような態度が過去にあったかどうか、わたしは知りません。エキュメニズムに関してわたしたちは、プロテスタントの諸兄弟たちに対して、「当時は教会内にも腐敗しきった部分も多く、改革の必要性については、異論の余地もありませんでした。しかし皆さんはわたしたちに、行動によって改革の必要性を知らせ、あるべき姿に覚醒させてくれました。わたしたちはこのことについては感謝しています。現在わたしたちはみなさんに、『改革しましたから、皆さんお戻りください』、と呼びかけ、皆さんを招いているのです、と言うかもしれません。しかしこのような招きも結局は、まだ『上から目線の呼びかけ』で、彼らには依然として変わらない『傲慢な態度』」に映ったのかもしれません。

第二バチカン公会議でカトリック教会は、プロテスタントの諸教会の代表者たちを会議場に招待して、彼らの前で議論を交わし、必要に応じて彼らの意見に耳を傾けました。

このような特殊的雰囲気の中で、研究、討議を重ねながら完成されたのが、一九六四年十一月二十一日に公表された、『エキュメニズムに関する教令』でした。この教令では、一般的考察のほか、具体的には、ローマの使徒座から別れた諸教会と諸共同体について、たとえば東方教会、プロテスタント諸共同体について、一致運動の動向を中心に詳細に説明されていますが、ここでわたしは、『エキュメニズムに関する教令』から、ヨーロッパのプロテスタント諸教会と、フランシスコ教皇との関係のほんの一部をご紹介します。

教皇フランシスコのエキュメニズムに関する政策とは言っても、すでに申しましたように、エキュメニズム運動そのものの歴史は古いのですが、わたしの立場からこのような発言は非難されるかもしれませんが、それまでのカトリック教会の態度は、別れた兄弟たちに大きく手を広げ、「お帰りなさい。待っていましたよー」と、喜び迎える準備を整えてはいたものの、共に祈り、反省し、赦し合い、同じ目線で語り、学び合いましょう、という姿勢からはまだ遠かった、と言っても過言ではなかった、と思います。そのような冷たく、重苦しい雰囲気に風通しのよい大きな穴をあけたのが、第二バチカン公会議だったのではなかったでしょうか。事実エキュメニズム運動が、堰を切ったように世界的に大きくなったのは、この公会議の開催が契機となったからです。そしてそこで中心的な指導力を発揮されたのが、フランシスコ現教皇の三人の先任者、すなわちヨハネ二十三世、パウロ六世、そしてヨハネ・パウロ二世でした。したがってフランシスコ教皇のエキュメニズム対策は、プロテスタント側からも友好的に受け入れられた、と言っても過言ではありません。

一九一六年、十月、教皇はルター派の拠点スウェーデンを訪れ、宗教改革五百年を記念する式典に参加し、ルター世界連盟議長のムニブ・ユナン師に次いで説教を行い、宗派間融和を促す共同声明を発表しました。

一五一七年、ドイツでマルティン・ルターによって、カトリック教会に対して掲げられた抗議（プロテスト）の狼煙は、急速にヨーロッパ全土を巻き込んで三十年戦争（一六一八－四八年）の原因ともなりました。三十年戦争を終結させたウエストファリア条約（一六四八年）は国際条約の端緒となり、彼らの主張によると、「中世の宗教的束縛」から完全に解放されて、国々が国家的利益で行動する、いわゆる近代的国際社会の基盤となりました。この観点から見る限り、カトリック世界における近代国際意識は一歩遅れていた、と非難されるかもしれません。

しかしカトリックも一九六〇年代の第二バチカン公会議によって改革され、必要な歩みを揃えるようになりました。カトリック教会がエキュメニズムへの本格的動きを始動するのも、この時代からだと言えるでしょう。しかし長い戦いの時代の種々の弊害は、それほど簡単には解消されません。理想的な修復には、対立が続いた年月の数倍、あるいは数十倍の歳月が求められるからです。いずれにせよ、たとえ遅くても、対話と一致への歩みが継続されていることは確かですから、わたしたちは神への信仰の内に、一致協力への努力を続けなければなりません。

最近は米国を起点に、ラテンアメリカなどの発展途上地域に、急速に拡大する原理主義的なプロテスタント勢力（福音派）に対処しつつ、いかにエキュメニズム運動を進めていくかが、新教皇フランシスコの改革手腕にかかっているだけに、わたしたちも注意して見守り、協力しなければなりません。

Ⅲ　ユダヤ教と中国問題

1　ユダヤ教との関係

わたしの今回の講演のテーマは、自他ともに認める、改革者、教皇フランシスコの改革についてです。わたしたちは彼が実践しようとしている改革を、カトリック教会内の改革から始め、キリスト教会の改革の一環として、エキュメニズム、すなわちキリストの諸教会の一致についても言及しました。以上すべては、キリスト教会内での、いわば内輪問題でした。

しかし、これからわたしが話す問題、すなわち「ユダヤ教」と「中国問題」は、キリスト教会とは直接的には関係ありません。それゆえに第二バチカン公会議の公文書では、「ユダヤ教」については『キリスト教以外の諸宗教に対する教会の態度についての宣言』の第4条で、別個の問題として取り扱っていますが、今回はまず、「ユダヤ教」について論及しておきましょう。「ユダヤ教」と「キリスト教」の間には、特別に深い関係があるからです。

第二バチカン公会議が教会の神秘性について探究する時、どうしても新約の民と、アブラハムの子孫とを、霊的に結びつけているきずなについても、心を留めざるを得ませんでした。というのも、キリストの教会は、自らの信仰と選びの始まりが、神の救いの神秘に基づいて、すでに族長たちとモーゼ、そして預言者たちのもとに見いだされることを認めざるをえないからです。信仰によってアブラハムの子であるすべてのキリスト信者が、この同じ族長の召命のうちに含まれており、また教会の救いが、選ばれた民の隷族の地からの脱出のうちに、神秘的に予告されていることなどを、わたしたちは認めています。それゆえに教会は、この旧約の民を通して、神との契約を継承した、と信じています。

さらに教会は、パウロとともに、「神の子としての身分、栄光、契約、律法、礼拝、約束は彼らのものである。先祖たちも彼らのものであり、肉によれば」処女マリアの子である「キリストも、彼らから出たのである」（ロマ9・4－5参照）、と宣言します。

そして教会は、その土台であり、柱である使徒たちも、世界にキリストの福音をのべ伝えた多くの弟子たちも、ユダヤの民の出身だったことを、わたしたちに思い出させます。

しかし聖書が証言しているように、エルサレムはキリストの訪れの時を知らず、ユダヤ人の大部分は、キリストの福音を受け入れず、彼らの中には、福音宣教に反対した者も少なくはなかったことも事実でした。しかしそれでもユダヤ民族は、その先祖たちのゆえに神に愛されていることもまた、否定しがたい事実でした。

キリストと彼の教えは、キリスト信者とユダヤ人の、まさに共有の霊的遺産ですから、両者間に、争いや対立、あるいは憎しみがあってはなりません。しかし残念なことに、ユダヤ人たちは、「神殺し」という汚名のもと、世界中で迫害され、憎まれてきました。この迫害の頂点が、第二次世界大戦の末期に、ナチスによって行われたユダヤ人の大虐殺でした。

じつはこのユダヤ人の大虐殺について、時の教皇ピオ十二世は、世界的な、大きな批判の的となりました。問題を提起した人は、わたしの記憶はあまり定かではないのですが、多分イタリアの劇作家だったと思います。彼は、終戦直後に、『神の代理者』という作品を通して、ユダヤ人が、あれほど大勢殺害されたのは、当時ヒットラーに苦言を呈することが出来た唯一の人だったピオ十二世教皇が、カトリック教会への破滅的迫害を恐れて、沈黙し続けたからだ、とその責任を教皇ピオ十二世に負わせたことから、ヨーロッパを中心に、激しい論争が展開されることになり、ついにピオ十二世は、あたかもユダヤ人迫害の先導者であったかのような説がまことしやかに定着するようになりました。

もちろん教皇ピオ十二世は、とくに全カトリックの修道会に、ユダヤ人たちを匿い、援助するようにと公布し、陰からの援助を続けていました。たとえば世界中のカトリック者に援助を呼びかけて、ひそかに食料、衣類、医薬品などを集めて配布しましたし、当時の修道院の地下に彼らを匿わせていました。ローマを中心にヨーロッパの教会の修道院の地下には現在も関係者たちの墓があり、そこには誰も侵入してはいけないという、暗黙の承認があったからです。そこでピオ十二世は、各修道院に依頼して、迫害されているユダヤ人たちに、彼らの一時的な居住地として、院内の地下を彼らに開放するように願い、そして実行されていましたが、しかしそこにも大きな限界がありました。

　それだけに教皇ピオ十二世への非難は次第に大きくなる一方でした。そのために、二〇〇〇年の初めに、教皇ヨハネ・パウロ二世は、ピオ十二世教皇が、ユダヤ人を救うために行った数々の援助を列挙して、彼を弁護しました。その時の教皇の話は、わたしの脳裏からいまだに消えていません。その時ヨハネ・パウロ二世は、次のように述べられたと記憶しています。

「もしわたしがピオ十二世と全く同じ状況で、教皇であったなら、わたしも同じことしかできなかったでしょう。しかしそれでもわれわれの先任者（ピオ十二世）が責められるのなら、それは彼の後継者であるわたしが、自分の無力を認めた上で、その償いをしなければならないと思っています」

　なるほど実に感動的なお詫びの言葉です。しかしナチスの悪魔的な迫害を逃れる方法が他に全くなかったのか、と問われると、わたしたちも何か釈然としないものを感じざるをえません。人は皆、神の像として造られているがゆえに、もしだれかに対して兄弟のように振る舞うことを拒否するのであれば、すべての人の父である神に祈り求めることはできません。人間と父である神との関係は、聖書にも、（人を）「愛さない人は、神を知りません」（Ⅰヨハ４・８参照）、といわれるほど、兄弟である人間どうしの関係と、密に結びついているからです。

したがって教会は、「人類や肌の色や階級や宗教を理由とするいかなる人間差別も虐待も、キリストの精神とは合わないものとして拒絶します」。それゆえに第二バチカン公会議は、すべてのキリスト者が、偉大なる使徒ペトロとパウロの足跡に倣いつつ、「異教徒の間で立派に生活し」（Ｉペト２・12）ながら、できるかぎり、また、彼ら次第ではありますが、すべての人と平和に暮らすことを熱望しています。「それは天におられる父の子となるため」（マタ５・45）です。

さてわたしたちが現在探究しているユダヤ教と教皇フランシスコとの関係はどうなっているのでしょうか。教皇フランシスコは、就任式の翌日、すなわち二〇一三年三月二十日、諸宗教代表との会見を行っていますが、そこで彼は、「他者は敵やライバルではなく、受け入れ抱擁すべき兄弟です」と、自分が信じる宗教以外にも寛容であるようにと説き、「たとえ特別な宗教、宗派に属していなくとも、真・善・美を真剣に追求し、人間の尊厳、平和共存、創造の美の保全を促進している人々」との対話を呼びかけていますが、このような発言からわたしたちは、信仰者、無信仰者の如何を問わず、すべての人々に寛容であろうとする彼の姿勢を窺い知ることができます。もちろんそのなかで、ユダヤ教だけが例外であろうはずはありません。

翌二〇一四年五月、フランシスコ教皇は、ヨルダン、パレスチナ、イスラエルを訪問していますが、その折にも、ブエノスアイレス時代から親交があったアルゼンチンのユダヤ教ラビのスコルカや、彼の随行者たちとも対談しています。これら一連の教皇の聖地訪問の目的が、イスラエルとパレスチナとの関係改善と、正教会との歴史的和解から五十周年を記念するためであったことは明らかでした。

翌六月に教皇は、パレスチナ自治政府のマフムード・アッパス議長や、イスラエルのシモン・ペレス大統領、および東方正教会のバルトロメオ一世（コンスタンティノープル総主教）をバチカンに招き、その庭園で会談し、ともに平和への祈りを捧げ、平和の象徴とされるオリーブの木を植樹しています。

二〇一六年九月、聖フランシスコのゆかりの地アッシジで、世界の約六十か国からの宗教指導者と巡礼者たちが参加して「宗教サミット」が開催されました。じつはこの年は、故ヨハネ・パウロ二世が、一九八六年、「世界平和の祈りの集会」を開催してから、三十周年にあたることから、過激派組織「イスラム国」などのテロが横行していて、開催が危ぶまれていましたが、教皇自らが、「憎しみからの解放」、「対話の架け橋」になろうと言って、アッシジでの宗教対話集会「宗教サミット」を予定通り、しかも大成功裏に終わらせることができました。

2　中国との関係

「中国問題は、第二バチカン公会議では直接的には取り扱われてはいませんが、『現代世界憲章』で、「無神論」、あるいは「共産主義思想」として、間接的には考察されています。しかしいわゆる「中国問題」は、第二バチカン公会議後、特に脚光を浴びる旬の問題となっていますから、皆さんの内にも、興味をお持ちの方がいらっしゃるのではないか考え、今回は、その問題について、そのアウトラインだけでも話せたらと思い、「ユダヤ教」問題と一緒に考察することにしました。「ユダヤ教」問題とおなじく「中国」問題も、直接的には教会改革とは無関係ですが、しかし現代カトリック教会が対応しようとしている対外的外交問題としては、最も議論されており、その意味では、等しく教会側にも、ある種の改革が求められているからです。

「宗教は抑圧の痛みを忘れるための阿片であり、やがて消滅する」、とみる共産党政権（一九四九年に成立した中華人民共和国）は、すべての宗教組織を国家宗教事務局の管理下に置き、すべての外国人宣教師たちは殺害されるか、追放され、一九五四年に教会は政府の支配下に入りました。しかも政府は、五四年の人民共和国憲法第八十八条によって、「信教の自由を認めた」、と宣言しました。ここから中国におけるキリスト教会の本当の姿が分かりにくくなりました。わたしたちは中国におけるカトリック教会を正しく理解する

郵便はがき

料金受取人払郵便

新宿局承認

7552

差出有効期間
2024年1月
31日まで
（切手不要）

160-8791

141

東京都新宿区新宿1－10－1

（株）文芸社

愛読者カード係 行

ふりがな お名前			明治 大正 昭和 平成		年生 歳
ふりがな ご住所	□□□-□□□□				性別 男・女
お電話 番 号	（書籍ご注文の際に必要です）	ご職業			
E-mail					
ご購読雑誌（複数可）			ご購読新聞 新聞		

最近読んでおもしろかった本や今後、とりあげてほしいテーマをお教えください。

ご自分の研究成果や経験、お考え等を出版してみたいというお気持ちはありますか。

ある　ない　内容・テーマ（　　　　）

現在完成した作品をお持ちですか。

ある　ない　ジャンル・原稿量（　　　　）

書　名			
お買上書　店	都道府県　　　市区郡	書店名	書店
		ご購入日	年　月　日

本書をどこでお知りになりましたか?

1.書店店頭　2.知人にすすめられて　3.インターネット(サイト名　　　)

4.DMハガキ　5.広告、記事を見て(新聞、雑誌名　　　)

上の質問に関連して、ご購入の決め手となったのは?

1.タイトル　2.著者　3.内容　4.カバーデザイン　5.帯

その他ご自由にお書きください。

(　　　)

本書についてのご意見、ご感想をお聞かせください。

①内容について

②カバー、タイトル、帯について

弊社Webサイトからもご意見、ご感想をお寄せいただけます。

ご協力ありがとうございました。

※お寄せいただいたご意見、ご感想は新聞広告等で匿名にて使わせていただくことがあります。

※お客様の個人情報は、小社からの連絡のみに使用します。社外に提供することは一切ありません。

ためには、「愛国会」と「地下教会」の区別を明白にしておかなければなりません。

　現在でも、たとえば上海のような大きな観光地には、大聖堂がそびえ立っているそうです。旅行者たちの報告によると、このような大聖堂では、日曜日のミサを前に、外国人や信者らしき中国人が祭壇前の席につき、外では観光客たちが写真を撮る風景に出合うそうです。聖堂によっては、入口にローマ教皇フランシスコの写真が貼られ、ロザリオや十字架、あるいはご絵などを売る売店もあり、どう見ても世界各地の教会と同じ光景を目にするそうです。しかしこれは実は、中国政府に公認され、その指導下にある自称カトリック教会、すなわち「天主教愛国会」によって運営されています。ちなみに「天主教」は中国語では「カトリック」を意味するのだそうです。こうして憲法に宣言されている「信教の自由」は、中国では実際に承認されていることの証しとなっているらしいのです。

　これに対して、共産中国政権の誕生以降、非合法とされながらも、ローマ教皇が率いている正当なカトリック教会に従う「地下教会」のミサは、当局の目を逃れてアパートの一角などで、ひそかに行われています。このように厳密な意味での信教の自由は、中国ではまだ実現されていない、と結論できるでしょう。

　ところが二〇一八年初頭、バチカンと中国との接近が囁かれるようになりました。二〇一八年と言えば、フランシスコ教皇が誕生後五年を経ていました。教皇フランシスコは就任以来、中国教会が、国家公認の「愛国会」と「地下教会」とに分離した状態にあることを憂慮し、その解決法を模索していたことは知られていました。しかし中国教会の問題は、フランシスコ教皇がそれまで敢行してきた多くの改革よりも、より複雑で、困難な課題を抱えていました。それはもちろん司教任命権のそれでした。

司教は、世界に散らばる教区の管理下にある地域の教会を統治する役割を果たします。キリストに従った使徒たちの後継者としてのポストは、教皇にだけその任命権と叙階権利があります。しかし愛国会は、教皇の意志とは無関係に、中国政府の意向にそって司教を選んできました。司教の任命の問題はそれ故に、バチカンと中国との険しい、デリケートな問題の象徴でもありました。教会法（第三七七条）によると、「いかなる国家の権限に対しても、司教の選出・任命・推薦又は使命の権利について、これを認可しない」、と明記されています。このような厳格な規定は、過去の歴史上、司教任命に国王たちの介入することもあったという事実から成立されたものでした。

たとえ中国政府が推薦した人物から、バチカンが任命し、叙階するという形式を固定させ、決定的に制度化し、繰り返されるならば、双方が認める教会が形成されていくでしょうし、地下教会が愛国会に吸収合併されることにもつながるでしょう。

しかし二〇一八年九月、司教に関しては、中国政府側と、バチカンとの間に、暫定的合意が成立しました。その暫定的合意の内容とは、かつて中国政府が任命し、バチカンが破門した七名の司教をバチカンが承認する一方、バチカンが任命して中国が認めなかった二名の司教に退任を促すというものだったようです。しかしこのような合意については、バチカン側の、地下教会を犠牲にした不当な譲歩だとする、激しい不安と警戒の声が、中国のカトリックだけではなく、台湾や香港のカトリック教会からも大きくあがりました。たとえば台北の洪山大司教は、「中国に信教の自由はない」として、バチカンと中国との国交回復を疑問視しています。

バチカンと中国政府との国交回復は、さらに大きな国際問題を引き起こすことにもなります。それはバチカンと台湾との問題です。中国は台湾を中国の一部とする、いわゆる「一つの中国」を原則としています。したがって、台湾にとってバチカンは、欧州で唯一の外交関係をもっていましたが、これも断絶せざるをえなくなりました。このような現実も、バチカンの立場を厳しい立場に追い込むことになりました。こうした状況下で、元香港司教の陳日君枢機卿も、「教会が中国政府の管理下に置かれる」と危惧し、これまで数多くの地下教会の聖職者や信徒が拘束され、拷問を受け、殺害された事実を忘れないように注意を喚起しました。

ここで問題の打開策として、中国で司教を選ぶために、地下教会の司教をも含めた「司教協議会」が設置されました。この協議会が司教の候補者リストを提示し、教皇が任命、あるいは拒否することが考えられたようです。しかし一八年二月の「改正宗教事務条例」により、地下教会の閉鎖が相次ぎ、さらに習近平体制のもとで、共産党統治の正当性を脅かすとして宗教活動への規制を強化し、宗教の中国化がはかられるようになり、現在もイスラム教やチベット仏教への監視がますます強められていることは、世界中すべての人々が周知している通りです。

他方、キリストの教えを全世界に宣べ伝えるべき使命を受けているカトリック教会は、「愛国教会」と「地下教会」を合わせて、約千二百万を数えるとも言われる、まさに「巨大宗教市場中国」を無視するわけにはいきません。フランシスコ教皇が、いかに対話と改革の熱意に燃えていても、ただ宗教問題だけではなく、人間の尊厳や自由さえも認めない中国政府と、どのようにして、正式で、最終的な合意に到達できるのか、改革の教皇といわれるフランシスコのカリスマ的な手腕に期待するとともに、わたしたちも心を一つにして、その実現のために祈り、努力しなければなりません（「中国のカトリック教会」については、乗浩子著『教皇フランシスコ　南の世界から』、平凡社、262-263頁参照）。

第四章　教皇フランシスコの教会改革

「宗教改革」といえば、誰もが十六世紀のドイツのルター（M.LUTHER・一四八三－一五四六）の改革運動を連想することでしょう。この改革を機に生まれたプロテスタント諸教会は、カトリック教会を大きく二分して、今日に至っている、と言っても過言ではありません。

当時のヨーロッパ世界は、ローマカトリック教会の権威と支配下にありましたが、歴史的流れの中、いろいろな側面でもほころびが目立ち始めていました。たとえばルネッサンスに始まる人文主義は、理性の過大評価によって、信仰の擁護者である教会に挑戦を挑み、同じ時期に陽の昇る勢いで勢力を伸ばしていた自然科学の発展も無視できませんでした。これらの諸事情に加えて、教会内部の疲弊や衰退も顕著になっていて、誰もがその改革の必要性を認め、願っていました。

このような一触即発の状況に緊張していた中で勃発したのが、免罪符発行の問題でした。ここでこの問題について長く話すことはできませんが、折角ですから最小限の説明を許してください。わたしたちが何か、犯罪や、過ちを犯した時、まずわたしたちは相手の方に赦し乞い、お詫びをします。ここでわたしたちは「赦し」と、「お詫び」のしるしとしての「償い」とを区別しなければなりません。カトリック教会には伝統的秘跡に「赦しの秘跡」がありますが、この秘跡は、わたしたち人間が犯した罪を、神の代理者である司祭に告白し、司祭はキリストから与えられた権能によって、その人の罪を赦す秘跡です。もちろんこの秘跡が功を奏するためにはいろいろな条件が必要ですが、これが一応の形式です。ところがこの場合司祭は、罪の赦しを与えるとともに、犯した罪の償いとして、そのための小さな償いの業、たとえば短い祈り、あるいは小さな犠牲や隣人愛の実行などを命じます。これが、与えられた赦しに対する「償い」の業です。

ルターが教会に反旗を翻した時代のカトリック教会は、現在よりも厳しく、この償いの業としてしばしば労働奉仕を求め、それができない場合は、金銭を払ってこれに代えていました。しかしこれは決して「免罪符」ではなく、「罪の赦し」を受けた後、その人に課せられた、いわゆる「償い」の代わりでしたから、「免償符」だったのです。ところが当時の人々は、これを「免罪符」と理解し、従って教会はこの「免罪符」の売買によって、魂の救済を売買する行為を行っているとして、厳しく糾弾され、ついには、カトリック教会から去って行く直接の原因となっていた場合もありました。ところがこれをあくまでも「免罪符」と受け止め、これに猛反対してカトリック教会を去ったのがルターだったのです。

しかしわたしはここで、いつも一つの問題に突き当たります。「これは宗教改革ではなく、むしろ教会改革と呼ぶべきではないだろうか」、という疑問です。繰り返しになりますが、わたしたちが「宗教改革」という時の「宗教」は、もちろんキリスト教のことです。キリスト教はキリストご自身によって設立されたものですから、わたしたちはこれを勝手に改革したり、変更したりすることは許されないはずです。もしキリスト教会内で何か改革が行われるべきだとすれば、それはあくまでも、キリストの教会の本質的要素から逸脱するような教義的誤謬、倫理的欠落などの改革でしたから、それはキリストによって創設された教会の本質的変革ではありませんでした。それは「宗教改革」ではなく、むしろ「教会改革」と言うべきではないだろうか、とわたしは考えていますが、皆さんいかがでしょうか。

もちろん教会にも、時代的、地理的、あるいは環境的変化に伴ういろいろな改革が必要です。しかしそれは、宗教としての本質的変化までも求めるものではありません。ところがルターを筆頭に、いわゆる「宗教改革者」と呼ばれる人々は、明らかにキリストによってキリスト教の本質的要素として規定された教義、たとえば「教皇の首位権」、「諸秘跡の制定」、「啓示や使徒伝承」などを放棄してしまいました。彼らの決断は、「教会改革」の枠を越えていますから、このような表現が失礼になるなら、おゆるしいただきたいのですが、これは「キリスト教の放棄」ではあっても、「キリスト教の改革」とは言えないのではないでしょうか。これはしかし、わたしの全く個人的な疑問です。

さて今からわたしが皆さんと一緒に考えたい問題は、教皇フランシスコの「宗教改革」

についてではなく、「教会改革」についてです。したがって以下のわたしの話では、次の二点にご注意ください。第一点は、これは宗教改革ではなく、あくまでもカトリック教会内部の改革に限られていることです。第二点としてご注意していただきたいことは、わたしたちはここで、新教皇が、現在「教会改革」の基盤として指摘している観点について考察することになる、という点です。従ってわたしはここで、現在のカトリック教会が遭遇し、そして厳しく批判され、しばしばスキャンダルな事柄として騒がれている諸問題については、個々的に、そして直接には触れません。もちろんわたしは、このような困難で複雑な問題から逃げる気など毛頭ありませんが、むしろわたしはもっと根元的に、キリストが教会創設の時に、ご自分の教会のアイデンティティとして望まれた教会像に焦点を当てて、キリストの教会の真のあるべき姿を探したのです。わたしは、これこそ新教皇が目指している「教会改革」だ、と思うからです。

この観点に立って新教皇の講演や講話などを読み返しますと、今までは、少なくとも「教会論」についての論議では使われたことがない二つの表現に気付きました。それは、「橋であるべき教会」と、「野戦病院であるべき教会」でした。それゆえにわたしは以下、フランシスコ教皇のいわゆる「教会改革」を、この二つの観点から考え直したい、と思っています。

I　橋としての教会

わたしが新教皇フランシスコに興味を抱いた一つのきっかけは、特にメキシコからの難民拒否を主張し続けるトランプ米大統領との関係を知ってからでした。ご存じのように米国はしばしば、中南米各地から押し寄せる移民や、ギャング、マフィアなどの無法地帯になっている、と酷評されます。それだけにトランプ米大統領は、メキシコとの国境に壁を造って、しかもメキシコにその全費用を支払わせる、という政策を公表しました。

その頃教皇は、キューバ共和国の首都ハバナを経由して、ブラジルに次いでカトリック信徒数が世界第二位になっているメキシコとの国境地帯を視察して、帰国の途にある飛行機の中で、トランプ大統領の難民拒否の政策を批判して、「橋ではなく、壁を造ろうとする者はキリスト者ではない」、と断言したと報じられました。その時わたしは、大変勇気ある発言だと感心しながらも、大統領がこれにどう答えるか、興味津々でした。カトリック教会の教えによると、基本的には国境を認めず、それどころか貧しい人々、危険に身をさらされている人々を助けることは当然なことですが、しかし反面米側の難民問題は、あまりにも深刻であり、現実的だからです。

トランプ大統領が反論しないはずはありません。しかしトランプ氏が反論する前に、教皇の言葉をすぐに報道したのは、反トランプの立場に立つ『NYデイリー・ニュース』だったようです。実は、トランプはこの報道に激怒し、「もしバチカンが『イスラム国』に攻撃されたら、教皇は後悔し、ドナルド・トランプが大統領になりますようにと祈る、とわたしは約束する。宗教のリーダーが、個人の信仰を裁くなどとは恥ずべきことである」、と怒りをぶち上げたそうです。ところがこの時点で、フランシスコに対する人気調査では、67％を獲得したトランプの共和党よりも、80％獲得した民主党支持のほうが高かったそうです。ここでさすがにまずいと思ったのか、同日夜のCNN放送でトランプ氏は、突然意見を変え、「教皇はすばらしい人物で、彼とやり合いたくない。彼のパーソナリティ、彼が体現するものを愛しているし、その役割を尊敬する」、という趣旨の発言をしているそうです。

以上のような、トランプ大統領と教皇フランシスコについての論争は、竹下節子氏が、その著書『ローマ法王』（角川書店、239頁参照）で紹介していますが、今わたしたちが探究している「橋」と「教会」との関係については、直接的には関係はありません。それにしてもわたしたちは、フランシスコ教皇が、講演や講話、あるいは説教のなかで、しばしばこの「橋」という言葉を使用していることに気付かされると思います。たとえばわたしが『聖務日禱書』にはさんでいる一枚のカードには、「橋をつくること、壁ではありません、壁は倒れます」、という現教皇の言葉が書かれています。わたしに明確な記憶はありませんが、これは確かにわたし自身が、読書中に書き取ってはさんだものです。おかげでわたしは、この『聖務日禱書』を開くたびに、この言葉に対面することになっています。いずれにせよわたしには、教皇のこの「橋」という言葉に、彼の「教会改革論」の、少なくともその一部が凝縮されているように思えてなりません。

1　神と人類の橋であるイエス・キリスト

パウロは『テモテへの第一の手紙』で、「神は唯一であり、神と人との間の仲介者もまた、人であるキリスト・イエスただおひとりです」、と明記しています。そしてその理由として彼は、「この方は、ご自分のすべてを人の贖いとして、おささげになりました」（Ⅰテモテ2・5－6）から、と述べています。

ところでパウロは、同じ教えについて『フィリッピの人々への手紙』で、より詳しく、次のように記しています。

「キリストは神の身でありながら、
　神としてのあり方に固執しようとはせず、

かえって自分をむなしくして、
僕の身となり、人間と同じようになられました。
その姿はまさしく人間であり、
死に至るまで、十字架の死に至るまで、
へりくだって従う者となられました。
それ故、神はこの上なくこの方を高め、
すべての名に勝る名を惜しみなくお与えになりました。
こうして、天にあるもの、地にあるもの、
地の下にあるものはすべて、
イエスの名においてを膝をかがめ、
すべての舌は『イエス・キリストは主である』と表明し、
父である神の栄光を輝かせているのです」（フィリ2・6－11）

キリストを「橋」に譬えるのは不謹慎かも知れませんが、ここでは教皇フランシスコの「教会論」を論じるためには極めて分かりやすい言葉だと思い、そのまま利用させていただきます。

作者の名を忘れましたが、日本の有名は女流作家の作品に、たしか「橋のない川」というのがありました。「橋がない」ということは、つまり「交わりがない」、という意味だったと思います。たとえば、大きな川を横断する形で橋がかかっていれば、そこを通行する人々にとって、いろいろな面で便利になります。それまではとても往来できなかった対岸に、短時間で、しかも容易に行き来することもできるようになるでしょうし、それまでは不便で、文字通りに寂しい孤島だった小さな島が、対岸と橋でつながれただけで、賑やかになり、観光地となって、それまでは想像さえしていなかったほどのお客さんを呼び、急に活性化されるかもしれません。これらは一本の橋によってもたらされた大きな利点です。

しかし問題はこの橋です。橋はいつも、そこを渡る無数の人々に踏みつけられ、楽しげにそこを渡る人々の重荷にじっと耐え、無事に人々を対岸まで渡さなければなりません。ところがキリストは、パウロの言葉を借りると、わたしたち全人類の罪の重荷に耐え、それまで力なく対岸を眺めていたわたしたちの橋となられたのです。「キリストは神の身でありながら、神としてのあり方に固執しようとせず、僕の身となり、人間と同じようになられた」からです。それればかりではありません。僕となられたキリストは、わたしたちの罪を贖うために、「死にいたるまで、しかも十字架の死に至るまでへりくだって従う者」となられました。つまり神であるキリストは、まさにわたしたちを神に導くために、あえて人類の罪を背負い、わたしたちを神に導く橋となられたのです。

旧約の雄牛や雄山羊の血は、わたしたちの罪を取り除くことはできませんでしたから、キリストはこの世に来られた時、次のように仰せられたのです。

「あなたは犠牲や供え物を望まれませんでした。
しかし、わたしは、あなたのために、体を備えてくださいました。
あなたは焼き尽くす献げ物と、罪を償う犠牲を好まれませんでした。
そこでわたしは言いました。
『ご覧ください、わたしは来ました。
わたしについて聖書の巻物に記されているとおり、
神よ、あなたのみ旨を行うために』
キリストは、初めに、
あなたは犠牲と、供え物と、
焼き尽くす献げ物と、罪を償う犠牲とを望まず、また、好まれませんでした。
――たとえこれらのものは律法に従ってささげられたものであるとしても―と仰せになり、また、
『ご覧ください、わたしは来ました。あなたのみ旨を行うために』と仰せになっておられます」（ヘブ10・5－9）

だからこそキリストは、ご自分が何故人となってこの世に来られたについて、「人の子が来たのも、仕えられるためではなく仕えるためであり、多くの人の贖いとして、自分の命を与えるためである」（マタ20・28）、と言明されたのでした。

それればかりではなく、たとえばそれまでは他人には知られていなかった孤島の住民が、新しく完成した橋を自慢げに宣伝するかのように、キリストもご自分のことを、「わたしは道であり、真理であり、命である。わたしを通らなければ、だれも父のもとに行くことはできない」（ヨハ14・6）、とも仰せられました。さらにキリストはわたしたちに、「労苦し、重荷を負っている者はみな、わたしのもとに来なさい。休ませてあげよう。わたしの心は柔和で、謙遜であるから、わたしのくびきは負いやすく、わたしの荷は軽いからである」（マタ11・28－30）、とやさしく招いてもおられます。

このようにわたしたちを招かれるキリストは、わたしたちを御父に導く「橋」と言えるのではないでしょうか。わたしたちを永遠の幸福に導くために人間となり、わたしたちのすべての罪の重荷を背負い、人間の汚れた足に踏みつけられながらもこれに耐え、最後は大悪人として、最も屈辱的な十字架上での死をもって、贖い主としての重任を完全に成就されました。

しかし御父はこのキリストを、前もって予告されていた通り、最高の栄光である復活によって報われたのでした。こうして家造りの捨てた石が、新しい家の親石、すなわち、文字通りに新しい教会の礎となったのです。

このようにして父なる神は、「御独り子によって死を打ち砕き、永遠のいのちの門を開いてくださった」（復活の主日、日中ミサの「集会祈願」より）のです。それゆえに教会は復活なさったキリストを「罪を取り除かれた神の子羊」、「勝利の王」などと褒め称えるのです。

以上のような理由からわたしは、教皇フランシスコが描く教会改革は「橋」に譬えられるのだ、と考えています。

2　キリストの「橋」を継承する教会

以上述べたような意味で、神と人類の仲介的使命、つまり「橋」としての使命を果たされたイエス・キリストの役割は、そっくりそのまま教会によって継承されなければなりません。事実キリストは、ご昇天に先立ち、御父から与えられた救い主としてのすべての義務と権限を、使徒たちと彼らの後継者たちに与えられました（マタ28・16－20、マル16・14－15参照）。

ところで、この場合の教会には、ペトロの後継者である教皇を頂点とした世界の司教団によって構成されるヒエラルキア（位階的団体）と、その協力者である聖職者だけではなく、キリストを信じて洗礼を受けたすべての信徒も、その構成メンバーとして含まれています。しかしここでは、その内容上の視点から、両者を区別して説明したほうが、より理解し易いと思います。

A　位階的教会

イエスがその宣教活動の初めに行った目的は、ご自分の直接的な「協力者」、「後継者」としての弟子たちを選び、彼らを教育し、宣教に派遣するためでした。だからイエスは、父に祈ったあと、自分が望んだ人たちを自分のもとに呼びよせ、自分の側に置き、また神の国を告げるよう派遣するために十二人を任命されました（マル３・13－19、マタ10・1－15参照）。キリストは彼らを「使徒団」として、すなわち永続するべき集団として制定しますが、さらに彼らの中から頭としてペトロを選ばれました（ヨハ21・15－19参照）。それは彼らが、主の権能にあずかりながら、すべての民を主の弟子とし、聖化し、治め（マタ28・15－20、マル16・15、ルカ24・45－48、ヨハ20・21－23参照）、こうして教会を広め、世の終わりまで、日々たえず神と、その民全体に奉仕し続けるためでした（マタ28・20参照）。もちろんこの使徒団は、その神的使命が続くかぎり、すなわち世の終わりまで継続されなければなりませんでしたが、それは使徒団の後継者である歴代教皇と、全世界の司教たちによって継承されています。

ではこの教皇を頂点とする使徒団の後継者たちの団体は、どのような奉仕で、神と人々との「架け橋」となっているのでしょうか。それは、キリストご自身が果たされた聖務そのものでした。

司教の第一の任務は「教える任務」です。司教は、何よりもまず「信仰の伝達者」、「真正な教師」、「キリストの権威を帯びた教師」ですから、自分に託された民に、信じ、そして日々の生活の中で生きるべき信仰を解き明かさなければなりません。しかし権威をもって教えるためには、まず自ら実行しなければなりませんから、司教は真の意味で、信仰の実践者でもなければなりません。すでにパウロの言葉を借りて申しましたように、救い主イエス・キリストは、神であることに固執せず、自ら人間となって、死、しかも「十字架上の死」に至るまでへりくだって、わたしたち人間の救いに奉仕され、わたしたちと神なる主との「架け橋」となられました。

この点についてイエスは、驚くべき模範をわたしたちに残してくださいました。それは最後の晩餐の席でのことでした。イエスは突然食事の席を立ち、上着を脱ぎ、手拭を取って身につけられ、たらいに水をくんで、弟子たちの足を洗っては、身につけていた布でふき始められたのです。

ペトロは驚いて主に、「決してわたしの足を洗わないでください」、と言いますが、しかし主は、「わたしがあなたの足を洗わなければ、あなたはわたしと何の関わりもなくなる」とだけ答えて、弟子たちの足を洗い続けられました。それにしてもイエスがペトロに言われた、「わたしがあなたの足を洗わなければ、あなたはわたしと何の関わりもなくなる」、という言葉の意味は何だったのでしょうか。その真意は、弟子たちの足を洗い終えてからのイエスの言葉に含まれていました。弟子たちの足を洗い終えたイエスは、権威の象徴である上着をふたたび着けて、しかし今度は毅然として仰せられました。

「わたしがあなた方に対して行ったことが分かるか。あなた方は、わたしことを『先生』とか『主』とか呼ぶ。そのようにいうのは正しい。その通りだからである。それで、主であり、先生であるこのわたしがあなたがたの足を洗ったからには、あなた方も互いに足を洗い合わなければならない。わたしがあなた方に対して行った通りに、あなた方も行うようにと、模範を示したのである」（ヨハ13・1－15参照）

さて叙階の秘跡の充満である司教のもう一つの聖務は、「最高の祭司職の恵みの管理者」であることとです。司教のこの任務はすべての秘跡においてそうですが、しかしとくに「感謝の祭儀」においてそうです。教会は信徒を秘跡によって生かし、聖化し、そして成長させなければならないからです。それ故に各教区の司教は、自分で秘跡を執行する時だけではなく、他の司祭によってなされる時も、秘跡が常に正しく行われるように配慮しなければなりません。

一九六〇年代の長崎大司教区の教区長は、山口愛次郎大司教様でした。当時は今のように大きな大司教館も、カトリック・センターもありませんでしたから、たとえば司祭の黙想会などでは、大浦の旧司教館と旧ラテン神学校の四階で、雑魚寝しながら行っていました。大変だったのは毎朝のミサでした。当時はまだ第二バチカン公会議は終了していませんでしたから、毎朝のミサはまだ、今日のように共同ミサではありませんでした。だから司祭たちは、二人一組になって、大浦天主堂の内部外側に設けられている多くの脇祭壇で、日が変わる夜半からミサを捧げていました。ところが大司教様は、各司祭が捧げるミサを回って、ある時はこれに与ったり、またある時にはミサの奉仕者として仕える姿がしばしば見られました。

あるとき、自分のミサに奉仕している大司教の存在に気付き、緊張のあまりミサに集中できなかった若い司祭が、あとで、「大司教様、わたしのミサでは奉仕しないでください。緊張しますから」、と頼んだそうです。すると大司教は、「わたしは神父様には奉仕していませんよ。わたしが仕えているのは、いけにえとなっておられるキリスト様ですから」、と答えられたそうです。たしかにその通りで、この若い司祭は、「返す言葉もなかった」、と苦笑していました。わたしは後で知ったことですが、司教は自分の教区の司祭が、規定通り、忠実に諸秘跡を執行するよう監視し、指導する義務が課せられているのです。ここにも、司教の務めが、神からの恩恵を信徒たちに与えるために、正確で、忠実な架け橋であることが示唆されています。

司教に負わされている三つ目の任務は「統治する」任務です。『教会憲章』は司教の統治権について、「司教は、キリストの代理者および使者として、自分に託されたそれぞれの部分教会を助言、勧告、模範によって、また権威と聖なる権能によって統治する」、と言明しています。しかしここで特に注意しなければならないことは、司教たちに与えられている権能は、神に由来する聖なるものであると同時に、とくにいと小さき人々に奉仕するためである、ということです。これは司教だけではなく、その直接的な協力者である司祭や、すべての聖職者たちについても言えることです。

一方で信徒たちは、司教や聖職者に対して、神によって、その代理者として選ばれている人々という尊敬の念が大きく、それだけ大切に対応するでしょうし、他方聖職者たちは、「人間ははじめに、跪いて、うやうやしく手で行っていたことを、次第になれてくると、座ったまま、足先でこれをするようになる」、と言われるように、容易に「仕える人」から、「仕えられる人」に変わります。しかしもしそうなったら、聖職者たちはもはや神と信徒との間に架けられた「橋」ではなくなります。

「司教」のことをラテン語では〝PONTIFEX〟と言いますが、これはつまり〝PONS（橋）という名詞と、FACERE（作る、造る）という動詞の合成語で、「橋を造る」という意味ですから、語源的に考えても「司教」とはまさに「橋を造る人」、「橋を架ける人」を意味しています。

キリストの代理者である司教や、その協力者である聖職者たちは、スータンや、その帯の色、あるいは与えられた役職の如何によって、誰がいちばん偉いのか、などと考えたり、論じ合ってはなりません。残念ながらこのような考えは、イエスの直弟子たちの間でさえも起こったようです。だから、弟子たちの間で、「自分たちの中で、誰がいちばん偉いのかという議論が起こった時」、キリストは彼らに、次のように厳しく警告しておられます。

「異邦人の王たちは国民を支配し、国民の上に権力をふるう者は恩恵者と呼ばれている。しかし、あなた方はそうであってはならない。むしろ、あなた方のうちでいちばん偉い者は、年下の者のようになりなさい。また上に立つ者は、給仕する者のようになりなさい。食卓に着く者と給仕する者とでは、どちらが偉いか。食卓に着く者ではないか。しかし、わたしはあなた方の中で、給仕する者のようになっている」（ルカ22・25－27）

「橋」が、そこを行き交う人々の踏み台であることを止めるなら、それはもはや「橋」ではないでしょう。その本質的な役割を果たしてはいないからです。ここで、パウロの言葉をもう一度繰り返させてください。「キリストは神の身でありながら、神としてのあり方に固執しようとせず、かえって自分をむなしくして、僕の身となり、人間と同じようになられました。それればかりではなく、「死に至るまで」、しかも「十字架の死に至るまでへりくだって従う者」（フィリ2・6－8参照）となられました。つまりキリストは神でありながら、わたしたち全人類の救いのためにあえて「橋」となり、汚い土足のままで渡るわたしたちの踏み台となられたのでした。司教、司祭、そしてすべての聖職者たちは、同じ意味で、すべての人々を神に導く橋でなければなりません。

教皇は、キリストの後継者たちが、無意識のうちに、橋を架ける代わりに、むしろ高くて厚い壁を築いて、人々の通行を妨げることになってはいないか、と懸念しておられるのです。それが、バチカンの官僚たちへの教皇の厳しい警告となったのでしょうし、彼が意図している、いわゆる教会改革の出発点となっているのではないでしょうか。

B　信徒の意識改革

一九六一年、アメリカ合衆国第三十五代大統領として、アメリカ史上に颯爽と登場したJ・F・ケネディが、全国民に向け行った就任演説で、「諸君は、国が何をしてくれるかではなく、むしろ諸君が国のために何ができるかを考えてほしい」、と訴えた強烈な言葉を、わたしは今も忘れることはできません。

現教皇フランシスコも、彼の談話、講話、講演、そして回勅などに目を通すと明白なように、世界のすべてのカトリック信徒たちに、ただ教会からしていただくことだけを期待するだけではなく、キリストの神秘体の一員として、より積極的に何ができるか考え、与えられている大切な任務を忠実に果たすように、と叫び続けています。

どんな種よりも小さい「からし種」に喩えられる教会は、大きく成長して、やがて空の鳥が来て、その枝に巣を作るほどに成長しなければなりません（マタ13・31－32参照）。キリストの教会も全く同じですが、しかしそのためには、メンバーの一人ひとりが、真の意味で、キリストの背丈にまで成長し、文字通りキリストのように考え、キリストのように行動するようにならなければなりません。たとえ「神秘的」でも、それは頭であるキリストの肢体として当然なことでしょう。

ここでも教皇は、しばしば講話の中で、初代教会時代の信徒たちの一致した生活を、わたしたちに思い起こさせています。

たとえば主イエス・キリストのご昇天の後、信徒たち一同は、弟子たちや聖母マリアと共に、心を合わせて祈っています（使1・12－14参照）。

さらに同じ『使徒言行録』には、最初のキリスト信徒たちの生活の様子が詳しく記録されています。まずは使徒たちの宣教活動によって、ますます増加する受洗者たちについての記述は次の通りです。

「人々はこれを（ペトロの説教）聞いて強く心ひかれ、ペトロとほかの使徒たちに言った。『兄弟のみなさん、わたしたちはどうすればよいのでしょうか』。そこでペトロは彼らに答えた、『悔い改めなさい。そして、それぞれ罪を赦していただくために、イエス・キリストの名によって、洗礼を受けなさい。そうすれば、賜物として聖霊を受けるでしょう。この約束は、あなたがたに、あなたがたの子供たちに、また遠くにいるすべての人に、すなわち、わたしたちの神である主が招いてくださるすべての人に与えられているからです』。ペトロはこのほかにも多くの言葉をもって証しをし、『この曲がった時代から救われなさい』と言って、彼らに勧めた。そこで、彼らの言葉を受け入れた人々は、洗礼を受けた。その日、三千人ほどの人々が仲間に加えられた」（2・37－41）

次いで同じ『使徒言行録』の著者は、初代教会の信徒たちの生活についても、次のように書き残しています。

「さて、彼らは、ひたすら使徒たちの教えを守り、兄弟的交わり、パンを裂くこと、祈りに専念していた。そして使徒たちによって行われていた多くの不思議な業と徴を見て、みなの心に恐れが生じた。信じる人たちはみな一つになり、すべての物を共有にし、財産や持ち物を売り、それぞれの必要に応じて、みなにそれを分配していた。また、日々、心を一つにして、絶えず神殿に参り、家ではパンを裂き、喜びと真心をもって食事をともにし、神を賛美していた。彼らは民全体から好意を得ていた。こうして、主は日々、救われる人々を仲間に加えてくださった」(右同42－47)

ここにわたしたちは現代の修道会によって実施されている共同生活のはしりを読み取ることができます。もちろん社会構造が完全に変わった現代、一般の方々にはこのような生活は不可能ですが、しかし今日でもカトリック教会では、男女修道者たちによって継続されています。いずれにしても、わたしたちキリスト者の生活が、すべての人々から「好意を得て」、神の民が増加するようにならなければなりません。わたしたちが、人々を遠ざける高い金網になったり、躓きの大きな石、あるいは厚い壁とならないように努力しなければなりません。むしろわたしたちは、安全で、美しく、そして強硬な橋でありたいものです。

Ⅱ　野戦病院であるべき教会

1　教皇が望まれる野戦病院としての教会

教皇フランシスコは就任早々、これはイエズス会の機関紙だったと思いますが、「チビタ・カトリカ」誌でのインタビューで、「現代の教会に求められているのは何か」、という記者の質問に、「野戦病院のようであってほしい」、と答えています。「教会は野戦病院」とは素晴らしい答えとは思いませんか。わたしはここに、彼が目指す「教会改革」の一面が意図されていると思いますので、今からこのテーマについて話したい、と思います。

かつて病院のことを、「三時間待ち、三分の診査」などと悪評する人々が多い一時期がありました。もちろん現在は、予約制が徹底しているからでしょうか、かなりの余裕をもって順番を待つことができるようになっていると思います。しかしゆっくりと自分の順番を待つということは、考え方によっては、有り難く、贅沢なことでもあると言えます。しかし「野戦病院」、と聞いただけでわたしたちは、緊張のあまり「身が引き締まる」思いをさえ禁じえません。戦場で重傷を負い、瀕死の状態でタンカか、救急車で搬送された先が文字通りの野戦病院だったら、わたしたちはどんなにか不安を感じることでしょう。一分一秒を争う野戦病院で唯一の頼りは、有能な担当医師と、そのスタッフたちの敏速な対応ではないでしょうか。

ところで、フランシスコ教皇が教会改革について、「野戦病院」のようであってほしいと発言された、その本意を理解するために、わたしは少ない資料をあさりましたが、残念ながら満足できるものは何も持ち合わせていませんでした。ただ一冊、江戸川大学教授、秦野るり子氏が、その著書、『悩めるローマ法王フランシスコの改革』（中央公論社）の中（97－98頁参照）で、先ほどの『チビタ・カトリカ』誌でのインタビューでの教皇の答えとして、次の四点にまとめて紹介しています。ただ残念なことに、この著書では、それぞれの発言の原典が示されていませんので、その文脈的意味が明確ではありません。しかしこれらが教皇フランシスコの言葉であることには間違いありません。まずは、秦野氏は、「野戦病院のように」機能することに、フランシスコ教皇の模索するカトリック教会像が見えるとして、次の四つの改革案を紹介しています。これら四つの改革案はむしろ「聖職者の生活態度の改革」と言える、と思います。教皇の勧告の対象は明らかに、主として現役の聖職者たちに向けられています。以下の考察でわたしは、わたしの拙い解説とともに、教皇フランシスコの四つの改革案をご紹介しましょう。

①「今日、（教会が）求められているのは、信者の傷を治し、心を温める能力だ。人々の近くにいる必要がある。戦いの後の野戦病院と同じである。重傷を負っている人にコレステロール値や血糖値を聞いても無駄だ。まずは傷を治さなければならない」

わたしは友人の医師から、「特に搬送された重篤な患者を救うためには、まずその病原を的確につきとめなければならない。最初の判断を間違えば、助かる病人も助けられなくなる」、と聞いたことがあります。ところが、この最初の肝心な判断を下すことが大変困難だ、とも彼は言います。担当医師は、豊かな医学的知識と、多くの確実な経験に基づく敏速な判断を下し、スタッフに的確な指示を与えなければならないからです。

急患の対応でもう一つの難点は、患者本人との意思疎通の難しさだそうです。患者さんが病状を全く説明できない場合もあるでしょうし、たとえ説明はできても、それがあまり正確でないためにかえって混乱する場合も少なくないそうです。たとえば激しい腹痛を訴えて搬送された病人に対して、担当医師は懸命にお腹を中心に診察を続けるのですが、その病原が、意外にも一本の虫歯だった、ということもあるそうです。だから急を要する野戦病院では、たとえばまずは重傷を負っている兵士の出血を止め、それからゆっくりと時間をかけて病原を探し、徐々に検査と治療の範囲を広げ、完治に至るのです。もし医師と患者とが親しい仲だったら、事は簡単、かつ敏速に運ばれるでしょう。

霊的な重病人の場合も同じではないでしょうか。霊的な重篤な急患がしばしば司祭のもとに運ばれますが、司祭はこの患者について何も知らない時があります。キリストは「善い羊飼い」（ヨハ10・11－21参照）の喩えで、「わたしは善い羊飼いであり、自分の羊を知っており、わたしの羊もまたわたしを知っている。それは、父がわたしを知っておられ、わたしも父を知っているのと同じである。そしてわたしは羊のために命を捨てる」（同14－15）、と仰せになっています。

この意味で教皇は、司祭たちに「人々の近くにいる必要があり」、こうして「信者の傷を癒す」だけではなく、「心を温めることも」できる、と考えているのではないでしょうか。

②「教会は、小さいことに自分自身を閉じ込めることが往往にしてある。狭小な決まりごとに（こだわりすぎる）。最も重要なのは、イエス・キリストはあなたを救い給うた、ということだ。聖職者は何よりも慈悲の人でなければならない。聴罪司祭は常に厳格すぎるか、緩みすぎるかの危険に直面する。慈悲に満ちていない、というのは、信者に本当の責任を負っていないからだ」

司祭は、人を裁くためではなく、人々を救うために人間となり、全人類のすべての罪を背負って十字架上で壮絶な死をとげられたイエス・キリストの後継者です。司祭は裁判官ではなく、霊的重病人を恐ろしい死の淵から救い上げる霊的医師です。したがって司祭は、キリストの代理者として常に、正義と愛が調和した霊的医師であるべきです。

ルカがその福音書で記している「憐れみの三つの譬え」（ルカ15章）は、人々を赦す慈悲に満ちたイエスご自身をわたしたちに浮き彫りにすると同時、彼の後継者たちのあるべき姿を示しています。

一匹の羊を探す牧者にとって、この見失った一匹の羊は、百分の一匹ではなく、他の羊と全く同じ一匹です（同4－7参照）。それだけに見失われた羊の跡をたどってようやく見つけ出した彼は、その羊を肩に乗せて家に帰ります。

一枚の銀貨を探す女についても同じです（同8－10参照）。彼女はただ一枚の銀貨を、家じゅうを掃き、それを見つけるまで、念入りに捜します。こうして一枚の銀貨を見つけた女は、一匹の羊を探しあてた牧者と同じく、友達や友人を呼び集め、「一緒に喜んでください」、と言って祝います。

この二つの譬えの結論として、キリストは、「悔い改める一人の罪人のためには、悔い改めの必要のない九十九人の正しい人のためよりも、もっと大きな喜びが天にある」、と公言しておられます。告白場は、まさに神と、罪に苦悩する人々との和解の場です。そして司祭はこの和解の場で、重要な仲介の役割を果たすべく選ばれた人です。

③「最初の改革は、（聖職者の）態度を改めることだ。福音の聖職者は、人々の心を温め、彼らと暗い夜を歩く。神は、官僚や政府の役人のようにふるまう聖職者でなく牧者を求めている。とくに司教は誰も置き去りにしてはならない」

教皇がここで強調していることは、キリストの後継者である司教、司祭、および聖職者は、世間的な意味での官僚や政府の役人ではなく、まさしく命がけで羊を守り、養うほんとうの羊飼いとして選ばれている、ということです。だからイエスはわたしたちに、「羊飼いではなく、羊が自分のものでもない雇い人」のように、「狼が来るのを見ると、羊を置き去りにして逃げないように」（ヨハ10・12参照）、と警告しておられるのです。

④「ただドアを開けて人々を迎える教会ではなく、あらたな道を探す教会でありたい。ミサに参加しない人のところに出かける。やめてしまったか無関心な人のところへ向かう教会でありたい」

こうして教会は次第に、信仰の喜びに満たされた集団となって、使徒時代の共同体の姿を再現し、人々に大きな光を放ち、進むべき正しい道を示すようになり、キリストがわたしたちに求められた「世の光」（マタ5・14）、「地の塩」（同13）としての新しい、活気ある生活を歩き出すことができるでしょう。こうなってこそわたしたちは、ただ「ドアを開けて人々を迎える教会ではなく」、「光」を失って進むべき道に迷っている人々にとっては「光」となり、人生の重荷に打ちひしがれ、疲労困憊している人々には「地の塩」となって、人々に活力を与え、新しい方向づけを発見できるように助けることができます。

今年は、世界中の人々が、新型コロナウイルスの猛威に苦しみました。そしてその対応策として、世界各国は緊急事態宣言として、施設や店舗の休業だけではなく、できるだけ不要不急の外出や、他人との接触をも避けるように要請されました。こうして皆が、かつて経験したことがない不自由な生活を余儀なくされましたが、中々上手く実行されなかったようです。

このたびのコロナウイルス騒動中、人々の注目を浴びたグループがありました。それは皆さんご存じのように、多くの医療従事者たちでした。彼らにも同じく家庭があり、多忙でありながら、しかも自らも感染する危険があるにもかかわらず、しばしば不眠不休で看護し続けていました。しかしこれまで他人事のように思っていた人々も、彼らに無関心ではありえなくなりました。方々から彼らへの称賛と応援の声が広がりました。それは人々が、それまでの自己中心的な生き方を深く反省し、他人のために生きるもっと素晴らしい生き方を見出したからではなかったでしょうか。そしてこのような人々が増加することによってわたしたちは、人々の生き方や人生観を変え、ついには社会をも改革できるようになるのではないでしょうか。

2　完成されるべき教会

イエス・キリストはご自分が創設される教会を、どんな種よりも小さい「からし種」に喩えられました」（マタ13・31－32参照）しかしこの「からし種」は成長すると、どんな野菜よりも大きくなり、空の鳥がそこに巣を作るほどに成長するようになるはずです。しかしその成長過程には、筆舌に尽くし難い困難が示唆されています。教会はその長い歴史を通して、時にはその存続にかかわるほどの困難に遭遇したこともありましたが、しかしそのたびごとに身を削るほどの大改革を繰り返し、結果的には、不死鳥のように蘇って生き続け、成長しつつ今日に至っています。教会がたとえ「神秘的」とはいえ、「キリストの体」に譬えられるなら、その生きた「肢体」であるわたしたちが成長のためにも、多くの試練を避けては通れません。

したがって教皇フランシスコが、キリストの代理者として、世界のカトリック教会の頂点に立った時、彼は開口一番、「教会改革」を提示したのも当然だったでしょう。しかし、これまでわたしたちが考察してきた「教会」とは、どちらかといえば「バチカン改革」と「聖職者改革」がその中心的な課題でした。これもまた当然なことです。「教会」は事実上、キリストによってご自分の後継者として選ばれた、ペトロを中心とした使徒団と、その後継者たち、および彼らの協力者たちの指導下にあるからです。しかし今から話す「教会」は、再び「キリストを神と信じる人々の集い」としての「教会」についての話題に変わります。

Ａ「毒麦の譬え」

ローマ滞在中わたしは、日本のプロテスタント系の大学で教鞭をとっていた、まだ若い先生を迎えて案内したことがありました。わたしはまず彼をホテルに案内して荷物を置き、部屋を出るまえに、当時は旅行には一般的だった「ボストン・バッグの鍵をかけるように」、そして「財布はけっしてズボンのポケットには入れないように」、と二つの注意をして、まずはペトロ大聖堂に向けて、バスで出発しました。

しかし第一の試練は早速、そのバスに乗車したその時に起きました。バスが動き出すとすぐ彼が、ズボンのあちこちに手をやりながら、「財布がない」と小声で叫びました。あれほど言ったのに彼は、財布をズボンのポケットに入れていたらしいのですが、バスに乗車する時の混雑な中で、こうして彼は、永遠の都ローマでの最初の試練に遭遇しました。その時から彼は、不機嫌になり、あまり喋らなくなりました。

いよいよバスがバチカン広場の傍に着きましたので、わたしは誇らしげに大聖堂の正面に立って説明を始めましたが、どうも彼の心はバスの中で奪われた財布のことで頭が混乱していたのでしょう、彼の耳には、わたしの説明などまったく聞こえていなかったようでした。それからわたしは約二時間、大聖堂内を詳しく案内し終わって外に出るなり、彼はわたしに、「これほど豪華な大聖堂を建てる必要があるのだろうか。この建築費用で世界の貧しい人々が救えるのに」、と嘆き始めました。これが、彼がローマで体験した第二の試練でした。

いよいよホテルに戻ると、そこにはもっとひどい光景が繰り広げられていました。彼のボストン・バッグはベッドの上に大きく広げられ、残金のすべてが奪われていたからです。わたしはすぐにフロントに電話して責任者を呼び、抗議しましたが、「現金を部屋に残して置くこと自体が間違いだ。現金はちゃんと、フロントに預けるようになっています。一応警察には連絡しますが、現金がそのまま戻ることはまずないでしょう」、という冷たい返事が返ってきただけでした。

そこで彼の怒りはいよいよ爆発し、しかもその怒りの矛先はわたしに向けられました。彼はわたしを正面からにらむような形相で、「先生は日本をカトリック国にしたいのですか。イタリアはカトリックの本山でしょう。先生は日本をこのイタリアのような盗人の巣窟にしたいのですか」と、まさに機関銃のようにわたしにまくし立て、わたしは返す言葉に窮しました。彼にとって、ローマには正直な人だけが住んでいて、盗人など一人もいないはずでした。しかし彼の空想は、憧れのローマ滞在の一日目にして完全に打ち砕かれたのでした。

世間の人々はもちろん、あるいはわたしたち自身も、これに似たような考えで、「教会の信徒は皆、聖なる人ばかりだ」、と信じている人々がいるかもしれません。それだけに信じていることと反対なことに出会った時の驚きと落胆も、それだけ大きいのです。聖書に読まれるイエスの譬えの一つにある、「毒麦の譬え」（マタ13・24－32、36－43参照）もそうではないでしょうか。

ある人が善い種を自分の畑に蒔きました。ところが、人々が眠っている間に、敵が来て、麦の中に毒麦を蒔いて立ち去りました。この時点では、当然でしょうが、善い麦と悪い麦との区別はできません。毒麦がはっきりと分かるのは、苗が育って実を結ぶようになってからです。「毒麦」が穂を出したので、僕たちは主人に、「ご主人さま、畑に蒔かれたのは、善い種ではありませんでしたか。それなのに、なぜ毒麦が生えたのでしょうか」、と問います。主人は、「それは敵意をもつ者の仕業」だ、と答えます。そこで僕たちは主人に、「それでは、行って毒麦を抜き、集めましょうか」、と進言します。なるほどこれは、いちばん簡単な解決方のように思えます。しかし主人はこの解決法を拒否します。主人は僕たちに、その理由として、「毒麦を抜こうとして、善い麦まで抜いてしまうかもしれない。刈り入れまで、両方とも育つままにしておきなさい。刈り入れの時、わたしは刈り入れる者たちに、『まず毒麦を集めて、焼くために束にし、善い麦は集めて倉に入れなさい、と言いつけよう』」、と答えています。

わたしは「生善説」、「生悪説」のいずれの主張者でもありませんが、しかし確かにわたしたちは、たとえば「あの人は子供の時には、とても素直で、優しかったのに」、と過去とは全く違って悪くなった現状を嘆く声を耳にすることがあります。「善い麦」が、気付いたらいつの間にか「毒麦」になっていた、というわけです。このような状況で人々は、「どうして」、とその理由を探します。わたしが案内していたお客さんが、「カトリックの本山があるローマで、なぜこのように盗人が多いのだろう」、「このようなことは日本では考えられないのに」、と怒りと驚きを感じたのも、ある意味では当然だったでしょう。

彼が嘆くように、日本でこのようなことはほとんどありません。加齢のためでしょうか、最近わたしはよく物忘れをします。先月も、イタリアからの友人が来ましたので、彼を夕食に誘い、楽しいひと時を過ごしたまではよかったのですが、帰りのタクシーを降りようとして、財布がないのに気付きました。慌てたのはわたしではなく、むしろイタリアからの友人でした。彼はタクシーの料金を払い、「大変だ」としきりに嘆きながら、わたしに「よくそんなに落ち着いていられるねー」、と不思議がっていました。しかしわたしは「財布はかならず見つかる」、と自信を持っていました。わたしたちが部屋に入るなり電話のベルが鳴りました。電話の相手は先ほどのレストランの会計からでした。「お客さん。財布をお忘れでしたよ。こちらでちゃんと保管していますから」、という電話の内容を友人に伝えると、彼は驚き、「信じられない」を連発していました。

さて「毒麦の譬え」に戻りましょう。「善い種だけを蒔いたのに、なぜ毒麦が生え出たのだろう」、といぶかる僕たちに主人は、「敵意を持った者の仕業だ」と答えています。この主人の答えをここで応用して、「この人が悪人になったのは、敵意をもった者たちの仕業だ」、と結論すると、「毒麦になったすべての原因と責任は外から来るのだ」、の一言で解決され、当の本人には何の責任も負わされないことになるかも知れません。しかし悪事を行い、罪を犯すのは、外来的原因ではなく、あくまでもその行為の当事者です。したがって「敵意を持つ者」という言葉には、その行為者自身も含まれます。外的原因の如何を問わず、最大の責任はその本人自身にあるからです。

「天使的」と称えられた中世の巨匠トマス・アクィナス（THOMAS AQUINAS・一二二五頃－七四・ドミニコ会員、中世を代表する哲学者・神学者）も、その行為者の過度の自己愛こそが悪の原因だ」（『神学大全』Ⅰ.Ⅱ q.77, a4）、と公言しています。そして福音史家ヨハネは、この過度の自己愛を、「肉の欲」、「目の欲」、そして「生活のおごり」（Ⅰヨハ2・16）の、三つ欲望にまとめています。トマスはこの三つの過度の欲望から、たとえば「肉の欲」からは「貪食」、「邪淫」、「怠惰」などが、「目の欲」からは貪欲が、そして「生活のおごり」からは、「虚栄心」、「嫉妬」、そして「憤怒」などが起こり、これを原罪後の人間の自然的傾向とし、「七つの罪源」と呼んでいます（Ibid. a.5）。

いずれにしてもわたしたちは、人間の自然的な悪への傾向、すなわち七つの罪源との厳しい戦いに挑まなければならなくなります。だからペトロはわたしたちに、「身を慎み、目を覚ましていなさい。あなた方の反対者、悪魔が、吠えたける獅子のように、誰かを食い尽くそうと探し回っています。信仰を固く守り、悪魔に抵抗しない」、と勧告するとともに、「あなた方の兄弟たちも、この世で、同じような、苦しみを耐え抜いたのです」（Iペト5・8－9）、と励ましているのです。

この問題はこれ以上続けると、完全に「神秘神学」の領域に入りますので、ここまでに止めておきましょう。もしこの問題に興味がある方は、わたしの著書『神の招きに応えて—信仰生活の指針—』（サンパウロ、109－124頁）をお読みください。

さてわたしたちはもう一度、イエスの「毒麦の譬え」の後半にもどらなければなりません。すなわち、善い種だけを蒔いたはずの僕たちが主人に、「毒麦を刈り取りましょうか」と進言すると主人は、「その必要はない。毒麦を抜こうとして、善い麦までも抜いてしまうかもしれない。刈り取りの時まで、両方とも育つままにしておきなさい」、と答えていますが、いったいその真意は何でしょうか。最後にこの問題についても少し言及しておきましょう。

「毒麦」をすぐに引き抜くという方法も、確かに一つの解決策でしょう。しかし譬え話の主人は、僕たちの即効的な提案を、「毒麦を抜こうとして、善い麦までも抜いてしまうかもしれない」、という理由から、それを拒否しています。すなわち主人は、僕たちとは違う、もう一つ解決策があることをよく知っていたからです。もし間違ったら大切な善い麦までも引き抜いてしまうことになります。それよりも両方をそのまま残して収穫の時まで待てば、善い麦まで引き抜いて焼くようなことにはならない、というのが主人の言い訳でした。

これは神学では「寛容」といわれますが、この「毒麦」が人間を指す場合には、そこでは「人格的存在」としての人間が対象になり、人格論がからんできますので、問題は当然、より複雑になります。事実、人格的存在である人間を「毒麦」のように引き抜くことは、その人の改心の可能性とともに、長い人生の未来を完全に抹殺することになり、果たしてそのようなことが人間に許されるのか、という新しい問題が提起されるからです。この意味でも、この譬えの主人の解決案は賢明な対処方法だった、と言えるでしょう。

現教皇フランシスコが、死刑制度に疑問を抱き、これに反対の態度を表明しているのは、この人権の立場から考えた結論だ、というべきでしょう。わたしたちはこの問題については、次に考察する「姦通の女」の譬えで、もう少し深めることができるでしょう。

3　「姦通の女」の譬えから（ヨハ8・1―11参照）

立法学者とファリサイ派の人々が、姦通の現場で捕らえられた女を連れてきて、真ん中に立たせ、鬼の首でもとったように、イエスに、「先生この女は姦通している時に捕まったのです。モーゼは律法の中で、このような女は石を投げつけて殺すようにと、わたしたちに命じています。ところであなたはどう考えますか」、と問いかけています。

この問題には、実はみごとな罠が仕掛けられていました。もしキリストが、この女の死刑を否定するなら、彼らが尊敬していたモーゼの律法を否定することになるでしょうし、またもし「石を投げつけて殺せ」とでも答えるなら、イエスがそれまで教えつづけてきた「愛」や「慈悲」の教えと矛盾することになります。いずれにせよ、イエスの人気が低下することだけは確かですし、これこそが、彼らが狙っていた落とし穴だったからです。

ところがイエスは、彼らの質問には何も答えないで、身をかがめて、何かを地面に書いていました。しかし彼らが執拗に問い続けるので、イエスはようやく身を起こし、「あなた方のうち罪を犯したことのない人が、まずこの女に石を投げなさい」と仰せられました。イエスは再び身をかがめて地面に何かを書き続けますが、しかしこの女とイエスを取り囲んでいた群衆は、一人、また一人と去って行き、最後にはイエス一人が、真ん中にいた女とともに残っていました。ところでヨハネは、一人、また一人と去って行った群衆について、「人々は年長者から始まって」、と付言しています。手に手に石を待ち、今にも彼女に投げつけようと構えていたこの群衆のなかにさえ、「罪を犯したことのない人」は誰もいませんでした。神の前で罪のない人は一人もいません。人間は確かに「人格的存在」です。だからこそ罪も犯しますが、しかし改心して神に立ち返ることもできます。確かにわたしたちはキリストが創設された教会の一員ですが、まだわたしたちは完全な勝利を得ていません。わたしたちは、いわば「旅している教会」、「闘う教会」のメンバーです。わたしたちはペトロの船で永遠の国への旅を続けています。

弟子たちはイエスと共に船に乗っていました。すると突然、湖に嵐が起こり、船は波に呑まれそうになっているのに、イエスは眠っておられました。力尽きた弟子たちは、イエスを起こしながら、「主よ、助けてください。わたしたちはおぼれそうです」、と言うと、イエスは、「なぜ恐れるのか。信仰の薄い者たちよ」と仰せられ、起き上がって、嵐と湖をお叱りになると、湖は大凪になりました（マタ8・23－27参照）。

船は、水上を航海するかぎり、いつ起こるか分からない嵐のために身の危険をも覚悟しなければならないほど激しく揺れる時もあるでしょう。ペトロの船も揺れますが、しかしキリストへの深い信仰によって、わたしたちは救われます。

日本でもそうですが、ヨーロッパ各地では都市の過疎化が進み、都市移動がとくに顕著です。たとえば、かつては大きな大聖堂を中心に構成されていた街の中心街は寂れて、住民は次第に郊外に住むようになります。そうなると当然、それまでのように、天を突くような高い塔、豪華な内装の大聖堂ではなく、少し小さな教会が方々に建設され、話題になっています。

カナダのモントリオールで、かつての同級生が、新しく建設された教会の主任司祭になっていましたので、わたしはこの教会を訪問しました。
噂に違わず、小さく、美しい彼の聖堂は、典礼的にも、建築学的にもよく考慮されていましたが、どうしても気になることが一つありました。それは聖堂内の柱の荒々しさでした。聖堂内のすべての柱が、言うなればコンクリートをぶっつけたようになっていて、期待したような滑らかさがないのです。わたしは一本の柱の前に立ち止まって、「どうしてだろう」と考えていますと、主任神父がわたしの傍に来て、その意味を説明してくれました。それはここで祈る信徒たちが、「自分たちの教会は、まだ完成されていない。これをもっと美しく完成させるのは、同じこの聖堂で大きく成長すべき後輩のわれわれ信徒たちだ」、ということを知らせるために、このような建築になっているのだ、という説明でした。

キリストの教会は不完全です。指導者たちも、神でもなければ、天使でもなく、すべての人間と同じように、罪があり、欠点もあります。しかし神は、弱い人間的側面を持ったままの人間を介して、人類の救済を望んでおられるのです。聖職者たちは、皆さんを助け、皆さんのために祈るために召されていて、懸命にその大切な任務を果たすべく努力していることはたしかです。どうぞ信じてください。その反面、聖職者たちもまた、皆さんのお祈りと協力を必要としています。

最後にもう一度繰り返させてください。この地上のわたしたちの教会は、「旅する教会」、「闘う教会」であって、まだ「完全な勝利の喜びに沸く教会」ではありません。この事実を謙虚に認め、神への深い信仰と、固い隣人愛の絆に結ばれて一緒に歩くことも、フランシスコ教皇が目指す「教会改革」、だとわたしは信じています。

第五章　教皇フランシスコの平和論

教皇フランシスコが、教皇として選出される前から、いかに世界平和を願い、叫び続けていたかは、わたしたちが今まで論じてきたことからも明白ですから、ここで改めて語るまでもないことでしょう。ましてや教皇選出後、彼が、アッシジのフランシスコを自分の教皇名と名乗った時から、彼の政策が「世界平和」に方向づけられていたことは明白ですし、今までの講演の内容からも、彼の世界平和への熱い念願がにじみ出ている、と思います。

ところで彼の平和論の最大の特徴のひとつは、彼の偉大な先任者のひとり、教皇ヨハネ二十三世が、一九六三年に発布した有名な回勅『パーチェム・イン・テーリス』（〝Pacem in terris〟『地上に平和を』）からの引用が多いことではないでしょうか。引用が多いとは言っても、それは単なる言葉や表現の踏襲ではなく、むしろ完全に自分の考えに同化された思想的踏襲として、むしろその意味を強調するために繰り返している、と言うべきでしょう。それゆえにわたしは今回、新教皇フランシスコが、彼の先任者がヨハネ二十三世の回勅『地上に平和を』から踏襲している若干のテキストを選び、それらを偉大な二人の教皇の一致した重要な教えとしてご紹介したい、と考えています。

まず第一の共通点は、核兵器のない世界は可能であり、必要であること、第二点は、核兵器は、今日の国際的、また国家の安全保障に対する脅威からわたしたちを守ってくれるものではないこと、この二つの結論が、二人の偉大なる教皇の世界平和論の共通的基盤となっているだけではなく、それがまた、彼らの新しい段階での世界平和論の出発点ともなっています。そこからわたしたちは、「では一体何が、真の世界平和を構築するための前提条件となるのか」についても、さらに議論を進めなければならないからです。

わたしは、すでに十一年前に出版した拙著、『蛍光の影からの声』（サンパウロ、二〇〇九年）に、「ヨハネ・パウロ二世教皇の二〇〇三年『世界平和の日』メッセージ」と題して、わたしの講演の一つとして記載しましたので、今から話すことと重複するところも少なくはないと思います。どうぞその点はご了解ください。

I　世界平和を構築するための四本の柱

古代ギリシアの哲学者・アリストテレス（ARISTOTELES・三八四－三二二 B.C.・古代ギリシア哲学者）が言明しているように、人間は「社会的存在」です。人間が「社会的存在」であるということは、人間は、孤立的ではなく、社会のなかで、社会とともに理想的に成長し、完成される、という意味です。換言すると、神は人間を、本質的に「社会的存在」として創造されたと言うことになります。しかし神が人間を社会的存在として創造されたのであれば、わたしたち人間が社会的存在として生き、完成されるために必要な諸条件、ないし正当な法的規定も、人間の本性に付与されているはずです。人間が神によって創造された時から、人間が「社会的存在」として正しく生きるための不可欠な規定は、人間性そのものに、神によって刻印されているはずです。教皇ヨハネ二十三世は、人間性に刻印されているこの規定、ないし法則として、「真理」、「正義」、「愛」、そして「自由」の四つの条件をあげています。二人の教皇は、この四つの刻印的条件を、あえて「平和への四本の柱」と呼んでいます。このいわゆる四本の柱は、平和が成立する為には不可分離的な関係にあり、常に一致し、調和していなければなりません。この四本の柱こそは、まさに世界平和の基本的基礎であり、屋台骨でもあります。

それで、以下わたしは、平和の基礎であるこれら「四本の柱」の各々について解説し、それを「個人的及び政治共同体、世界的共同体、あるいは国際的共同体」など各々に応用しながら、より具体的に世界平和について考察したいと思っています。

1　教皇ヨハネ二十三世の回勅『パーチェム・イン・テーリス』

ヨハネ二十三世は『パーチェム・イン・テーリス』で、「真理、正義、愛、自由を基盤とする社会生活」について、次のように指摘しています。

「したがって、人間社会は、真理の上に築かれる時初めて、秩序を保ち、人間の尊厳にかなった、豊かなものとなります。それは聖パウロが示した通り、『偽りを捨て、それぞれ隣人に対して真実を語りなさい。わたしたちは、互いにからだの一部なのです』（エフェ4・25）そのためには、相互の権利と義務の忠実な遂行によって、実現します（筆者注「正義」）。こうして社会は、他者の必要を自分のことと思える愛、自分の持ち物を他者に分け与える愛、さらには世界のすべての人間の知的・精神的分野での交流に努力する愛によって導かれます。また、それは自由において実現します。すなわち、人々が理性ある存在として人間の本性にかなった方法で、自分の行為に責任を負う時に実現するのです」

（18番）

このようなヨハネ二十三世の言葉を、教皇フランシスコは次のように表現しています。「平和は、それが真理を基盤としていないなら、正義に従って築かれないなら、愛によって息づき完成されないなら、自由において形成されないなら」（『パーチェム・イン・テーリス』）、単なる『発せられたことば』に過ぎなくなる、とわたしはそう確信しています」（『訪日講話集』、35－36頁）

A　真理

まずは「真理」について考察しましょう。真理はまことに霊的建築物の基礎です。真理についてわたしたちは、主キリストの次の譬えを思い出します。

「あなた方は、わたしを『主よ、主よ』と呼びながら、どうして、わたしの言うことを行わないのか。わたしのもとに来て、わたしの言葉を聞き、それを実行する人がみな、どういう人に似ているか、あなたがたに示そう。それは地を深く掘り、岩の上に土台を据えて家を建てた人に似ている。川が洪水となって、その家に押し寄せても、丈夫に建てられていたので、家はびくともしなかった。しかし、聞いてもそれを実行しなかった人は、土台もなく、土の上に家を建てた人に似ている。川が押し寄せると、家はたちまち倒れ、大きな被害を受けた」（ルカ6・46－49）

それは、パウロがエフェソ人の信徒たちに宛てた手紙で、「偽りを捨て、それぞれ隣人に対して真実を語りなさい」（エフェ４・25）と書きおくっている通りです。事実人間社会における人間関係は、真理に従ってこそ秩序を保ち、人間の尊厳に寄与し、人類に奉仕することができます。

残念ながら人類史上には、羊の衣を着た狼や、正義の名によって暴れ回る偽教師たち、巧みな誘いによってわたしたちに近づいてくる人々が後を絶ちません。彼らにはしばしば、互いに神の名によって闘い、殺戮を繰り返した時代さえもありました。

最近はよく不法建築が話題になり、裁判問題としても取り上げられています。しかしその多くは、新築された建物の基礎が問題になっています。家が強固な岩、あるいは硬い基礎の上に築かれず、砂や、柔らかい土地を土台としているからです。だからイエスは、「地を深く掘って、岩の上に土台を据えて」家を建てた人を褒めておられるのです。わたしたちは「世界平和」という、とてつもない大きな建築物を建てるために、それに相応しく大きく、堅固な土台を築かなければなりません。それは表面的な真理、あるいは論理的、倫理的真理にとどまらず、確かな「形而上的真理」に基礎を据えていなければなりません。それゆえにこそキリストは、「地を深く掘って」、不動の岩盤をみつけ、その上に基礎を築くように、と教えられたのです。

B　正義

真の平和を築くためには、真理だけではなく、正義も同じように求められます。正義とは義務と権利の調和です。自分の権利だけを主張して、自分に課せられている義務を怠ることは正義に背きます。

人間は知性と自由意志を備えた存在、すなわち「人格的存在」ですから、その本性上、神から与えられた自然的権利を持っています。この自然権は、すべて他の権利の源泉でもありますから、「基本的人権」とも呼ばれます。『日本新憲法』第三章に規定されている、たとえば「生存と品位ある生活水準とに対する権利」、「倫理的・文化的価値に関する権利」、「信教の自由」、「学問の自由、「表現の自由」、「結社の自由」などがそうです。これらの諸権利は、それが自然的、かつ基本的権利であることから、だれもこれを侵害したり、その行使を阻止することはできません。

しかしこれら自然権は同時に「義務」をも前提としています。権利と義務は、各々を切り離しては考えられません。すなわち権利と義務はまさに表裏一体をなすものです。義務があるから権利もあります。逆の表現をすれば、義務を伴わない権利などありません。

ところが現代社会で人々は、あまりにしばしば、自分の権利だけを要求して、その前提となるはずの自分の義務を完全に忘れがちです。日本語の「権利」という言葉は、何かの「利益」や「利潤」を連想させる言葉のように思えるかもしれません。それゆえに日本語の「権利」は自然的には、何かの「利益」や「利潤」を追求する、あるいは要求する能力のようにも想像されがちです。皆さんご存じのように、英語で「権利」は、RIGHTと言われます。それは「正しい」という意味です。ラテン語で権利はJUSと言われますが、このJUSは同じラテン語のJUSTITIA、すなわち「JUS」（権利）という言葉に由来しています。従って権利は、語源的に考えても、一方的な利益、あるいは利潤を追求する能力ではなく、むしろ自己に負わされている義務と調和されていなければなりません。このように、権利と義務の調和こそが、厳密な意味での「正義」です。それゆえにわたしたちは、いかなる形であれ、正義の名のもとで、義務を疎かにしたり、権利が無視されることがないように、よく注意しなければなりません。

C　愛

以上のような「真理」と「正義」の二本の柱だけでは核なき世界平和は実現されません。そこで教皇ヨハネ二十三世は回勅「地上に平和を」で三番目の柱として「愛」を提示します。愛については彼の教えを継いで国連で教皇パウロ六世も、一九六五年、国連でのスピーチで訴えていることでもありますが、「武器を手にしたまま、愛することはできない」からです。もしわたしたちが武器の論理に屈するなら、武器は、無数の犠牲者と廃墟を生みだすだけではなく、膨大な出費を要し、神から全人類に与えられた自然的富を無に帰し、人類的規模の進歩発展を滞らせ、一つの家庭であるべき現代社会を、一瞬にして争い、憎しみの場、そして地獄へと化します。皆さん、核戦争の脅威による威嚇をちらつかせ、どうして平和を提案し、説得できるでしょうか。それゆえにフランシスコ教皇は、「真の平和とは、非武装の平和以外にありえません」としました。

わたしは、新築されたばかりのある豪華なホテルに招待されたことがありました。このホテルは数日後の落成式を待つばかりで、ホテル内はその準備の最中でした。わたしを案内していた方が、玄関に入るなり、従業員の一人に、電気をつけるように声をかけますと、それまで目立たなかった豪華な玄関は、多くの電気の光で輝き、特にこのホテルのシンボルだと言われる天井から吊り下げられていた、数本のシャンデリアの美しさには目をくらまされそうになりました。しかしそれまでそれらの存在にさえ気付かなかった色々な電気が、これほど美しく輝くのは、そこに電流が流れているからです。電球は、電流を流すことによって、初めてその美しい輝きを放つのです。

わたしたちの愛は、まさにすべてに命を与え、美しく輝かせる電流のようなものだと考えられます。パウロの次の言葉は、このことをわたしたちに教えているのではないでしょうか。

「たとえ、わたしが人間の異語、み使いの異語を話しても、
愛がなければ、わたしは鳴る銅鑼、響くシンバル。
たとえ、預言の賜物があり、あらゆる神秘、あるいは知識に通じていても、
たとえ山を移すほどの完全な信仰があっても、
愛がなければ、わたしは何ものでもない。
たとえ、全財産を貧しい人に分け与えても、

たとえ称賛を受けるために　自分の身を引き渡しても、
愛がなければ、わたしには何の益にもならない」
ついでパウロはわたしたちに、愛が、わたしたちの社会生活を妨げ、あるいは邪魔する種々の障害を除去し、その完成に必要なすべての援助を提供することについても、次のように諭しています。
「愛は寛容なもの、慈悲深いものは愛。
愛は、妬まず、高ぶらず、誇らない。
見苦しい振る舞いをせず、自分の利益を求めず、
怒らず、人の悪事を数えたてない。

不正を喜ばないが、人とともに真理を喜ぶ。
すべてをこらえ、すべてを信じ、
すべてを望み、すべてを耐え忍ぶ」
そしてパウロは、この愛の不滅性についても次のように公言しています
「愛は、決して滅び去ることはない。
預言の賜物なら、廃れもしよう。預言なら、やみもしよう。
知識なら、無用となりもしましょう」（Ⅰコリ13・1－8参照）

D　自由

世界平和成就のための「四本柱」の一本として「自由」が求められたことに疑問を抱く方はおそらくいないでしょう。先ほどわたしは、この「自由」について、「真理」、「正義」、そして「愛」とともに、これを「四本柱」の一つに数え上げることを、伝統的カトリック神学の教えである、と言ったと思います。しかしこの「自由」については、これは「伝統的」教えの枠に入っていない、と主張する人々も少なくはないようです。第二バチカン公会議が『現代世界憲章』（第17条）で、「自由」の問題を取り扱うことについて、ある種の違和感を呈し、不安を表現した教父たちさえ多かったことは事実でした。それで公会議は、なぜあえて「自由」について論じるのかについて、「人間は自由でなければならない」と公言しながらも、しかしそれまで以上に、人々が「自由を高く評価し、熱心にこれを求めるようになったまでは大いに歓迎されるべきですが」、その反面、現代人の多くの方々は、この自由について誤解し、「悪い仕方でこれを大切に」し、「楽しければ自由の名の下、何をしても構わない」、「人間の自由は無制限である」、などと言ったような諸説を提唱するようになり、社会秩序を保持するためにも、教会はここで明白な解説を提示しなければなりませんでした。この意味では「自由」についての教会介入は新しい、と言えますが、「自由」についての教会の教説は伝統的だ、と言うべきです。

人間の社会的生活における「自由」の必要性についてのわたしたちの思想的根拠は明白です。人間は「人格的存在」であるかぎり、自己責任のもと、自発的に行動しなければならず、そのためには他者から強制されたり、あるいは阻止されるべきではありません。人間はこの自由の行使によってその行為のいわば主人、あるいは責任者となる重要な役割を果たすのですから、それが「真理」「正義」、そして「愛」とともに、「四本の柱」の一本として認められるべきことは当然だ、と言わざるをえないからです。

2 「四本の柱」の人間の社会における具体的応用

A 個人的人間間の相互関係において

すでに指摘したように、わたしたちは人格的存在であるかぎり、他の誰からも奪われることが出来ない自然的、基本的権利を有しています。ということは自然的、基本的権利の所有者であるわたしたちは、他方、他者に対して、このわたしの権利を侵害しないという義務を負わせます。すなわちわたしたちは、自分の権利だけを主張して、他者のそれを否定するようなことはできません。もちろん全く逆のことも言えます。それゆえに前述した四本の柱は、まずわたしたち個人間において忠実に実施され、成就されるべきです。その意味でこそこれは、人間の社会的生活の基礎である、と言うべきでしょう。

B　各政治共同体における個人と公権の関係において

個人間の人間関係は当然そのまま、社会的、政治的関係にまで進展します。人間は「人格的存在」であると同時に、また本質的に「社会的存在」でもあるからです。すなわちわたしたちは、社会的共同体においてこそ、真に理想的な人間完成を成し遂げることができるからです。それゆえにわたしたちが平和な生活を享受するためにも、わたしたちはこの政治共同体の一員として、この共同体への権利と義務の関係が生じるからです。つまりわたしたちは、この共同体の成員の一員として、これに一致協力する新しい権利と義務もあらたに負わされることになります。

ところでこの共同体には、しかるべき指導者、つまり公権者が求められますから、わたしたちはこの共同体の公益に協力するだけではなく、この共同体を正しく指導する権威者にも協力する義務が課せられます。パウロが教えているように、「人はみな、上に立つ権威に従うべきです。神に由来しない権威はなく、今ある権威はすべて神によって立てられたものだからです。従って、権威に逆らう者は、神の定めに背くことになり、背く者は自分の身に裁きを招く」ことになるでしょう。しかし権威者たちは、あくまでも人々に仕えるべきです。だからパウロは、「権威者は」わたしたちに「善を行わせるために、神に仕える者」ですから、いかなる形にせよ、「悪」を行わせたりしてはなりません、とも勧告しています。それゆえに権威者は、「いたずらに剣を帯びているのではなく、神に仕えるものとして、悪を行う者に怒りをもって報いる」ためです（ロマ13・1－4参照）、とも勧告しています。しかしいかに権威者であっても、わたしたちは彼らの悪い、あるいは間違った判断に従ってはなりません。わたしたちは、政治に、積極的、かつ活動的に参加すべき義務が負わされていますが、それはあくまでも、正しい政治共同体を誕生させ、ただしく活動させるために外ならないからです。

C　政治共同体間の関係

個人と個人、あるいは個人と政治共同体の関係について言われたことは、すべてそのまま政治共同体間についても言えます。自然権の主体である個人について言われたことは、その集合体である共同体についても言えるからです。しかし政治共同体における真理、正義、愛、自由の調和は、実際上より困難になります。たしかに現代の世界には、かつて過去の歴史に実在していたような奴隷制度や、植民地政策などはなくなり、世界各国が、自由を謳歌し、繁栄しているかのように見えます。しかし実情はどうでしょうか。全人類のために与えられた世界中の豊かな富は、現実的には、軍事力に秀で、すでに莫大な富を築いている一部の権力者に独占され、多くの国々の人々は、赤貧洗うがごとき貧困に喘いでいます。たぶん皆さんもご協力くださっていると思いますが、毎月届けられていると思いますます「国境なき医師団」や、「ユニセフ」などからの協力の呼びかけなどを読むと、わたしたちは、かつての奴隷制度や暴力的な植民地時代に課せられていたような、まさに人間以下の生活を余儀なくさせられている多くの人々が、今も苦しみ喘いでいることを知らされ、唖然となります。彼らは今も、日常の糧を得るためだけではなく、他国からの脅威や戦争、テロなどの恐怖に日々怯えながら暮らしています。

偏った富の分配、一方的な権力や武力の拡張によって、ますます成長を拡大させるグループがある一方、他方には、財力だけではなく、基本的人権さえも奪われ、その日の生活さえもできない貧しい人々が、せめて「人間らしい生活を」、と喘ぎ悶えている、もう一つ他のグループもあります。この二つの深い谷を埋めることができるのは、脅しでもなければ武力でもありません。そこに解決法は一つしかありません。それは神によってわたしたち人間の心に刻み込まれている、真理、正義、愛、そして自由の行使です。だからこそわたしたちは、現代のこのような矛盾に満ちた社会を打破するためにも、世界平和構築の四本柱を駆使して、特に今日、急を要する諸問題、たとえば「少数民族」、「効果的な国際的連帯性」、「人口・国土・資本の均等」、「難民問題」、「経済的発展途上国への援助」などの諸問題に、勇気をもって、効果的に取り組まなければなりません。

D　個人および政治共同体と世界共同体との関係

このように政治共同体間に起こる諸問題、すなわち国際的諸問題の解決は、特に各分野での国際化がますます進んでいる今日では、もっと複雑で困難になっています。たとえば一つの国の経済は必然的に、他の国々の経済と相互依存していますから、他国の問題はもはや「対岸の火事」というわけにいかなくなっているからです。ここに各国共同体を超える国際的共同体、すなわち国連的組織が求められるようなります。

この国連的組織には当然、国際的善を保有し、それをさらに発展させるために、公的、国際的・国連的権威も与えられるわけですが、しかしこの権威は当然なことですが、真理と正義、そして愛と自由とを忠実に守らなければなりませんし、国連加盟国は、この目的を成就するために一致、協力しなければなりません。国連の場で本当に、真理、正義、愛、そして自由が十分に尊重され、実施されているかどうか、わたしたちはよく注視し、監視しなければなりません。

国際問題が起こるたびに、国連の弱体化や、国連改革が叫ばれますが、改革は遅々として進んでいないようにみえます。しかし国連が客観的にすべての国々に信頼される組織として機能しなければ、国連そのものが、自らその権威だけではなく、存在価値さえも失ってしまうことになるでしょう。

いつも指摘されるのは、安全保障理事会での常任理事国の拒否権の問題です。今回の教皇フランシスコの訪日の後、教皇のバチカンへの帰途の機上での記者会見で、フランスのフィガロ紙の記者が、「真の平和と非武装について」訊ねた時、教皇はこの問題に言及しています。彼がその中で、直接にこの問題にふれている箇所がありますから、その箇所だけをご紹介しましょう。教皇はまず国連がこれまで多くの難問題を上手く解決したり、調整した事実を認め、その功績を称えながらも、しかし上手く解決されない問題として、この常任理事国のそれについて、非常に遠慮がちに、次のように言及しています。

「気を悪くなさらず、安全保障理事会について考えてみてください。武器の問題があります。軍事衝突を避けるべくその問題を解決するには、全会一致が必要です。すべての国が賛成票を投じなければならず、拒否権をもつ国が反対票を投じれば、すべて止まってしまうのです。聞くところによると―わたしはいい悪いの判断はできませんので、うかがった一つの意見ですが―国連は、安全保障理事会で一部の国の拒否権を取り下げることで前進すべきだという意見もあります。わたしは専門家ではありませんが、それもありうると思います。どのように申し上げたらいいか分かりませんが、どこも等しく権利を持てたらいいのではないかと思うのです」（『訪日講演』、１０１－１０２頁）

いずれにせよ国連の最大の役割の一つは、すべての加盟国に対して、公平であることです。この点を考えると、国連の前途にもまだ多くの難問が、次々と山積されています。

最近激しく議論されている問題は、今年世界を襲っている新型コロナウイルスに関する問題でしょう。その対策の陣頭に立つべきＷＨＯ（世界保健機関）が現在国際的非難の的として攻撃されています。この世界的批難の火ぶたを切ったのは、アメリカのトランプ大統領でした。彼が、ＷＨＯの政策は明らかに「中国寄りだ」、と発言したことから、議論の枠が拡大されることになったからです。米側のこのような非難に対して事務局長は猛然と反論しますが、しかし彼の過去には、そのように思われても仕方ない多くの弱点もあったようです。彼はエチオピア人で、かつては自国の保健相でしたし、当時の彼の功績は高く評価されていたようです。国連の重要な機関の一つであるこのWHOは常に、中立で、客観的立場を固持しなければならないことは当然です。ところが今回のコロナ禍で彼は、武漢の封鎖などを挙げ、「感染拡大を遅らせるために、多くのよいことをした」、と中国政府の対応を手放しで称賛しました。ところが皮肉にも、中国政府に対するこのような称賛はかえって世界の反発を呼び、ついには事務局長の辞任要求や、殺害予告までも飛びだす結果となりました。中国は今日でも、莫大な特別援助金をエチオピアに送り続けていることが明白になったからです。もちろん、貧しい国々に援助資金を送り続けることは善いことであり、大いに褒められるべきことです。しかしもしそれが、自国の勢力拡張の一環として行われているのであれば、それも結局は、「自国第一主義」の変形にすぎなくなり、当然非難の対象となるでしょう。

話が大きく横に広がって、議論の焦点が少しぼやけてきたかもしれませんが、わたしがここで強調したいことは、現在世界経済超大国と言われる米中の不仲から見ても、それぞれの国々が、自国の利益を超え、一致して世界的共通善を追求することがどれほど困難であるか、ということです。それはそのまま、現在の国連が遭遇している現実的な難問題でもあります。

ここで話をもとにもどしましょう。教皇は最後に、世界の均等にはともかく、「武器の製造をやめ、戦争をやめるために、仲介者の助けを借りてでも交渉の席に着くこと、それは必ずなさなければなりません。つねにです。結果は伴います。わずかだ、という人もいます。ですが、そのわずかから始めましょう。そして今度は、交渉の結果をさらに推し進め、問題の解決へと向かうのです」（右同102頁）、と力強く説いています。

先ほどわたしは、国連の安全保障理事国の拒否権についての教皇の発言を、「遠慮がちな」（発言）と言いましたが、しかしそれも立場上、精一杯な表現だったと言わざるをえません。しかしわたしはこの機会をかりて、あえてこれは大きな「国際的矛盾」だ、と言いたいのです。常任理事国は、自らは核兵器で完全に防備し、さらに種々の、しかもより高度な恐ろしい兵器を次々と増産し、これを他国に売りつけながら、自分たち以外はこのような核兵器の製造や実験はもちろん、所有することも禁じる、とする理事国の言い分は、明らかに矛盾である、と言わざるをえないからです。だからと言ってわたしは、決して、非常任理事国の核武装を肯定しているのではありません。わたしがここで主張していることは、常任理事国がまず核兵器を放棄してこそ、他の国々にこれを禁じ、彼らを効果的に諭すことができる、と主張したいだけです。

国際化が大きく前進している現代だからこそわたしたちは、その中心であり、最高の指導的役割を背負わされている国連が、自己浄化、自己改革によって、文字通りの「真理」、「正義」、「愛」、そして「自由」に武装した正しい裁き主、指導者として再生し、遺憾なくその重要な責務をはたすべく、より完全な姿に改革されることを期待します。

Ⅱ　心からの対話の必要

わたしたちは今まで、世界平和構築のために、ヨハネ二十三世教皇の回勅『パーチェム・イン・テーリス』を中心に、その踏襲としての現教皇フランシスコの教えを、「真理」、「正義」、「愛」、そして「自由」の調和した四本の柱が、人間共同体に応用され実践されるべきだと結論しました。しかしその実践の方法が極めて困難であることは、これまた経験的事実でもあります。そこで、前述の二人の偉大な教皇はそろって、絶えざる対話の継続を提唱しています。

わたしは今日の講演で、対話が、たとえそれがどれほど困難であっても、これこそが世界平和構築のためには最後の手段ですから、対話を決して諦めることなく、お互いが信頼と忍耐をもって継続すべきである、と主張したいのです。しかし問題を過度に拡大しないように、先ほど問題にしましたヨハネ二十三世教皇の回勅『パーチェム・イン・テーリス』の発布前後、特にキューバ危機において、ヨハネ二十三世教皇を介して、ソ連のフルシチョフとアメリカのＪ・Ｆ・ケネディとの対話の成果について紹介したい、と思います。

世界的な問題を論じるにはあまりにも小さい出来事ではありましたが、フランシスコ教皇は、日本からイタリアへの帰途の機上での記者会見で、フランスのフィガロ紙の記者から、軍事衝突を避けるための手段について問い質された折に、「ともかく、武力の製造をやめ、戦争をやめるために、仲介者の助けを借りてでも交渉の席に着くこと、それは必ずなさなければなりません。常にです」(『訪日記録』102頁)と、対話の必要を強調しています。もちろん彼も、この対話が容易ではないことを百も承知しています。だから教皇はすぐ続けて、「結果は伴います。わずかだ、という人もいます。ですが、そのわずかから始めましょう。そして今度は、交渉の結果をさらに推し進め、問題の決着へと向かうのです」、と励まし、成功の事例として、ウクライナとロシアが、武器の交渉なしに、捕虜の交換交渉を成立させたことをあげ、「可能なのです。必ず、平和に向けた一歩がありま す」、と繰り返しています。

対話についてのこのように固い確信が、教皇フランシスコが、彼が最も尊敬していた先任者のひとりであったヨハネ二十三世の教えと、実践に基づいていることは、文脈的にも明白です。

1　ヨハネ二十三世と、ソ連最高指導者フルシチョフとの関係

一九六三年二月二十八日、フルシチョフの娘婿であり、ソ連の代表的日刊紙イズベスチア編集長でもあったアレクシス・アジュベイが、その妻、すなわちフルシチョフの娘とともにローマを訪れました。その日の各新聞は夕刊でこの事実を大きく取り上げました。当時ローマで研究中だったわたしも、少々興奮気味に事の成り行きを見守っていました。わたしたちの興味の焦点は、バチカンが果たしてソ連からのこの二人の珍客を迎えるか否か、についてでした。と言うのも、ロシア革命以来ソ連とカトリック教会の関係は極めて悪く、妥協の余地などない、と思われるほどに緊迫していました。

ソ連を中心とした共産主義諸国はカトリック教会を、民衆の改革意欲を無くし、階級闘争への闘争心を完全に麻痺させる「アヘン」として徹底的な迫害によって、完全に滅亡させるべく企て、次々と実践していましたし、他方カトリック教会も、共産主義的勢力に反抗して、彼らを容赦なく断罪し、ピオ十一世、ピオ十二世は、信徒たちに彼らの書籍を読むことさえも厳禁していました。

それだけにわたしたちは、第二バチカン公会議の開催を宣言し、すべての主義、主張の人々との対話を公言されたばかりの教皇ヨハネ二十三世が、こともあろうに、当時のフルシチョフの娘夫婦にどのように対応するか、それはわたしたちにとって、興味津々たる問題でした。

ところが教皇ヨハネ二十三世は三月七日、教皇庁の反対を押し切って、私的謁見として彼ら夫婦を優しく迎え入れ、親しく談笑されました。当日わたしたちは、買い集めたその日の夕刊紙を片手に、この時の謁見の様子を食い入るように、テレビでのニュースを観たことを覚えています。その時、アジュベイ編集長は、「そのうちソ連とバチカンの間に正式な外交関係が成立するだろう」、と公言した、と伝えられています。この予告は後に、バチカンと東方外交の端緒となるのですが、しかし教皇庁の保持派官僚たちは、目くじらを立てて、この謁見のレポートをオッセルヴァトーレ・ロマーノ紙に掲載させなかったことも、後で話題となりました。この出来事に少し気を落とした教皇は、『パーチェム・イン・テーリス』原稿の最終確認を行い、「いくら教皇庁でも、回勅だったら、まさか検閲はしないだろう」、と苦笑しながら、四月十一日、回勅は発布されたのでした。

しかしフルシチョフとヨハネ二十三世との交流は、非公式ではありますが、その前から継続されていました。それはフルシチョフが、世界平和のために教会の努力に感謝していたからでした。例えば、第一次世界大戦中の一九一七年、当時の教皇ベネディクト十五世は、フランスとドイツに、「何の役にも立たない虐殺をやめるように」、と訴えていました、教皇ヨハネ・パウロ二世は広島で、「戦争は死です」、と強く勧告し、一九九一年の湾岸戦争の際にも、これを「役に立たない虐殺」と糾弾し、また国連訪問の際にピオ十二世は、「平和は正義の実り」と公言し、ヨハネ・パウロ二世は「戦争は道理を超えたもの」と糾弾し、第二バチカン公会議は『現代世界憲章』で、「神の摂理は古くから戦争の奴隷であるわれわれ自身を解放することを切に要求している。この努力を拒否するならば、われわれが踏み入っている悪がどこに我々を導いてゆくかを知らない」と警告し、そしてパウロ六世は、「二度と戦争が起こらないように」、などと発言しています。このように教会の歴代最高指導者たちの一貫した平和への訴えを、フルシチョフはよく承知していましたし、彼はこの事実に感謝を表していたのです。

それればかりかフルシチョフは、教皇ヨハネ二十三世との類似点についても、次のように語った、と伝えられています。「教皇とわたしには共通点がある。二人とも貧しい家庭で育ち、子どもの頃から農業をしていたのだ」と。

『パーチェム・イン・テーリス』の日本語訳解説者で、元上智大学教授ホアン・マシア師は、このような二人の関係を、次のように結論しています。

「教会は政教分離を認め、全人類の福祉のために国家との正しい協力関係を大切にしてきた。そのような中で、教皇と首相が一致することにより、バチカンとソビエト社会主義共和国連邦との話し合いが成立したのである」（131－132頁）

このような政策が、お互いに排他的態度を固持し続けていたソ連とバチカンの間ですぐ歓迎されるはずもありませんでした。この点については、フルシチョフの方が外交官に、「わたしが教皇と連絡を取れば、自分の内閣の内部で賛否両論が起きるが、教皇がわたしと連絡をとれば、教会内部において賛否両論が起きるに違いない」、と語った、と伝えられています（右同、132頁）。

さらに本回勅の邦訳書の解説者マシア師によると、その年のクリスマスの祝いのメッセージを先に送ったのも、フルシチョフのほうだったようです。フルシチョフは、自筆で教皇宛てに、「聖下のご健康を願い、全人類の平和と福祉と繁栄のための努力を続けられるように」、というメッセージをとどけています。

フルシチョフのこのようなメッセージへの返礼として、教皇はラジオ放送でのクリスマスメッセージの中で、「フルシチョフ首相の丁寧なことばと善意に心から感謝し、いと高きところからのことばをもって『地上に平和あれ』と申し上げたい」、と述べています。

しかしこの時すでに、自らの病気が進み、最期の時が近づいていると悟っておられたヨハネ二十三世は、その頃の日記に、「最後の審判の際問われることは、一致を実現することに成功したかどうかについてではなく、むしろ一致のためにどれだけ祈り、働き、そして悩んだかである」、と記しているそうです。

一九六三年一月、教皇は司教たちに宛てた書簡で、公会議の課題を何の束縛もなく自由に討議し、全人類のことを念頭に置くよう勧めています。公会議閉会まで生きることができないと悟った教皇は、『パーチェム・イン・テーリス』を、あたかも遺言として完成させるかのように、草案執筆チームに作業を急がせ、一月七日案ができ、回勅の原則論の部分は「時のしるし・時代の兆候をわきまえる」という枠組の中で位置づけ、具体的状況への応用に関する部分については自らの修正を加え、最後まで、無神論者や、キリスト者とは異なる考え方をする人々との協働を呼びかけています（本文82条参照）。

以上の考察からもわたしたちは、ソ連共産党の最高指導者フルシチョフと、カトリック教会の頂点にあった教皇が、人々の予想に反して、どれほど強く世界平和を求め、その手段を熱心に願い、陰ながらいかに模索していたかを、容易に窺いしることができます。

このようにして、二人の指導者間の熱心な対話は継続されていたのです。そしてこのような対話は、次の段階へと受け継がれ、継続されます。このことをフランシスコ教皇は、「仲介者の助けを借りてでも交渉の席に着くこと、それは必ずなされなければなりません。つねにです。結果は伴います。わずかだ、という人もいます。ですが、そのわずかから始めましょう」（『訪日講話集』、102頁）、とわたしたちに勧めているのです。

2　教皇ヨハネ二十三世、フルシチョフ、そしてJ・F・ケネディとの関係

一九八九年ベルリンの壁が崩壊した頃から、ヨーロッパ東西の緊張が、少しずつ解け始めていたようでしたが、一九六二年、ソ連とアメリカとの関係が急に悪化します。それはキューバに、設置されたソビエトのミサイルがきっかけでした。その時わたしはカナダで勉強中でしたが、当時カナダでは、米ソの対立は避けられないと思われていまして、これが第三次世界大戦勃発につながると考え、皆が大変緊張していたことをよく覚えています。ここでソ連のフルシチョフとアメリカの若き大統領J・F・ケネディが相対立するこ

とになるのです。とはいっても、内心では二人が共に、核戦争ではなく、平和的解決を望んでいたことは明らかでしたが、問題が円満に解決されるためには、どちらの顔も潰さずことを沈静化することが必要でした。そこで教皇ヨハネ二十三世が登場することになります。

ケネディ大統領はバチカンに連絡を入れ、教皇に相談しています。ヨハネ二十三世は公的謁見の場で、「教皇は人類の平和のために尽力するすべての国家指導者を評価する」と述べ、ソビエト大使を通して、「国家指導者たちは、平和を叫ぶ人類の声に耳を傾けよ」、というメッセージをモスクワへ送っています。翌日のプラウダ紙は一面の見出しで、「人類の叫びに耳をふさぐな」、というタイトルで、教皇の呼びかけに応答しています。こうして十月二十八日、フルシチョフはミサイル基地解体をケネディに通知し、キューバへと向かっていたソビエト軍はUターンしたのです。

ここまでは誰もが知っていることですが、ここで世界の多くの人々は、これこそ「アメリカの勝利、ケネディの勝利」と考え、若いケネディの威力と決断力を称えました。世界の人々は、米国がひるむことなく強硬な姿勢を取ったために、ソ連がひきかえしたのだとか、ソ連はアメリカの抑止力に圧倒されて引き下がったのだ、などの噂に酔いしれていました。もちろん、わたしもたしかにそのような人々の一人でした。しかし事実はそうではなかったことを、わたしは今回のこの講演を準備しながら知らされました。その後の歴史家たちの研究によって、米国とソ連との間には秘密裏の交渉が交わされ、米国がキューバに侵攻しないことを約束し、ソ連と国境を接するトルコからアメリカが撤退するという、お互いの譲り合いによって終結したことが明らかになりました。

キューバ危機の解決は、抑止論ではなく、宥和政策の結果だったのです。しかも本回勅の解説者マシア師が指摘しているように、ヨハネ二十三世はこの解決への過程において、まさに決定的と言える役割を果たしたことになります。

さらに後で明白になったことは、米国側は、キューバにおけるソ連の基地は米国に対する脅威であり、米国を攻撃するためと解釈していたのです。しかし実は、ソ連がキューバにミサイル基地を設置してミサイルを配備したのは、米国を攻撃するためではなく、米国がキューバに侵攻すると考え、それを阻止するためだったことも明白になりました。米国もソ連も、誤った判断に基づいて疑心暗鬼で、核戦争寸前にまで導かれていたことも分かりました。


以上の考察からわたしたちは、いわゆるキューバ危機において、教皇ヨハネ二十三世は、当時は定説と考えられていた抑止説の危険性と、あらゆる可能性に目をむけた慎重な信頼説との挟間にあって苦悩しながらも、宥和政策の可能性を知り、それを彼の文字通りの最後の回勅『パーチェム・イン・テーリス』に反映させ、世界の人々からの脚光を浴びました。そればかりか彼は、当時核兵器をはさんで、まさに一触即発の危機的状態にあった米ソの危険な関係を、自分とは異なる立場の人との相違に由来する対立ではなく、むしろ共通的な人間性に基づく共通認識を認め合い、協力の可能性を探して一致協力する基本的姿勢をもって、かつてのような衝突し合うブロックや体制から脱却し、尊重な協力で結ばれた世界平和の構築を呼びかけました。

現教皇フランシスコは、彼が尊敬してやまない先任者ヨハネ二十三世が直接に体験したこのように貴重な教えを、そのまま自分の政策に継承した忠実な後継者でした。

Ⅲ　「平和のために働く人」

「わたしが地上に平和をもたらすために来たと思ってはならない。
わたしが来たのは、平和ではなく、剣を投ずるためである」（マタ10・34）

驚いてはいけません、これはイエス・キリストご自身のお言葉です。あらゆる苦難や迫害の中にあっても、「平和の君」としてのメシアの到来を、それこそ一日千秋の思いで待ち焦がれていた当時のユダヤ人たちの心に、キリストのこの言葉は、はたしてどのように響いたでしょうか。キリストの到来が必然的に「平和をもたらす」人のそれ、と期待していたユダヤ人たちは、この言葉にどれほど失望落胆したことでしょう。イエスが死の宣告を受ける時に、キリストを「十字架につけよ」、と絶叫した人々の中にはきっと、「キリストに裏切られた」、と思い込んでいたこのような人々の深い「怨み」があったかもしれません。それだけにイエスにとっても、「わたしが来たのは平和をもたらす」ためではなく「剣を投じるためである」、と公言しなければならなかったことは、どんなにか辛かったことでしょう。しかしキリストは、いつの日にか、彼らにほんとうのことを告げ知らせなければなりませんでした。だからイエスは、「わたしが来たのは平和」ではない、と公言されたのでした。すなわちイエスは、ご自分の人間としての到来が、自動的に平和を実現するものではないことを、まず明言しなければなりませんでした。

しかしキリストがわたしたちのために持ってきたものがあります。それをキリストは「剣」と呼んでいます。では一体この「剣」とは何でしょうか。それこそわたしたちがここで平和構築のための「四本柱」と呼んだ、「真理」、「正義」、「愛」、そして「自由」でした。しかしこの四本の柱は、人間創造の時、神が人間性の中に刻み込まれた法でもありますが、キリストご自身がまず、人類に真の平和をもたらすために、ご自身で実際に生きられた、極めて険しい道でもありました。そしてキリストは、この新しい道を、その険しさのゆえに、あえて「剣」と呼ばれたのです。換言すればキリストは、わたしたちに、ご自分は自動的に平和をもたらすために人となってこの世に来られたのではなく、自ら平和の条件である四本の柱を忠実に生き抜くことによって、わたしたちに平和への確実な道を教え、わたしたちにこのように生きるように教え、諭したのでした。

しかしここでわたしたちは、神からいつか与えられる平和を、何も為すことなく、ただ待つのではなく、わたしたち自身が、神の積極的な協力者として、地道な努力を積み重ねながら、平和な社会構築のために努力しなければならない、ということになります。すなわちわたしたちは、平和な世界を構築するための「協力者」として位置づけられています。このような人々についてキリストは、「平和をもたらす人は幸いである」と言われました。その人たちのことを、キリストは「神の子」と呼ぶからです（マタ5・9参照）。ところで、この「平和をもたらす人」については、「平和のために働く人」、という邦訳もありますが、しかしそれが、「神の協力者」と同じ意味であることは明白です。

同じこの神の協力者、あるいは「平和をもたらす人」、「平和のために働く人」のことを、新教皇フランシスコがご自分の教皇名に選んだアッシジのフランシスコは、「平和の道具」と呼んでいます。

教皇フランシスコは、昨年十一月二十四日、長崎爆心地公園での講話の結論として、この祈りを、そのまま唱えられました。これだけでもわたしたちは、教皇の、アッシジのフランシスコへの深い尊敬の表現を実感できますが、二人の世界的平和への切なる望みが同じであることも理解することもできるでしょう。

教皇が唱えられたアッシジのフランシスコの祈りは次の通りです。

「主よ、わたしをあなたの平和の道具としてください。
憎しみがあるところに愛を、
いさかいがあるところにゆるしを、
疑いのあるところに信仰を、
絶望のあるところに希望を、
闇に光を、

悲しみのあるところに喜びをもたらすものとしてください。…」

これはわたしたちもしばしば唱える、とてもすばらしい祈りですが、しかし皆さんこの祈りを熟読がん味しながら唱えていますか。たとえば、わたしたちは主に、「わたしをあなたの平和の道具としてください」、と祈っているのですが、さてこの「神の道具」として働くとはどのような意味でしょうか。この言葉の深い意味について、ぜひ皆さんに話したいのですが、今回は時間がありません。もし機会があればその時にお話しできるでしょう。

第六章　地球環境問題

教皇フランシスコが、二〇一五年五月二十四日に発布された回勅『ラウダート・シ』について、わたしがこのような発言をすると、「不謹慎」だと非難されるかも分かりませんが、この新回勅は、時宜的にも内容的にも、ヨハネ二十三世教皇の『地上に平和を』に匹敵するものだと言っても、決して過言ではない、と思っています。

このことは前回の講演でも申しましたが、およそ半世紀前のキューバ危機で、アメリカと、当時のソ連とが、一触即発の、極めて険しい危機的な状況にあった時、ヨハネ二十三世の回勅が、両国の対話と和解への道を開き、世界中の人々が恐れていた核戦争への動きを止めることができました。フランシスコの今回の回勅も、その直接的な内容こそ異なっていますが、現在の地球的環境悪化の問題が、わたしたちがこうして住んでいるこの母なる地球について、人間の住めない地球へと崩壊しつつある、と警告している点では、共通起点に立っている、と言えるからです。フランシスコが、この地球環境の悪化を懸念する理由は、それが人権に関かわる諸問題や、世界平和崩壊の危機につながっているからです。

このような危機感を憂いているのは教皇だけではありません。つい先日は、NHK出版から、『地球に住めなくなる日』（デイビッド・ウォレス・ウェルズ著、藤井留美訳）という刺激的なタイトルの書も出版されました。また一般書店では、二十世紀のフランスの哲学者・作家カミュの傑作『ペスト』が飛ぶように売れるようになったばかりではなく、大修館書店からは、三野博司著、『カミュを読む』も発行され、カミュブームが広がっているようです。それは今年、世界的に猛威を振るっている新型コロナウイルスの意味を模索するなかで、カミュの思想、その中でも彼の代表的な作品である『ペスト』に、人々が何か示唆的な意味を期待していることを連想させているからかもしれません。

さて回勅『ラウダート・シ』の内容の紹介については（序文に相当する部分は第二回の講演で話しましたので、ここで再度繰り返しません）、「ともに暮らす家に起きていること」（第一章）、「創造の福音」（第二章）、「生態学的危機の人間的根源」（第三章）、「総合的なエコロジー」（第四章）、「方向転換の指針と行動の概要」（第五章）、「エコロジカルな教育とエコロジカルな霊性」（第六章）の六つの章に分かれています。しかしわたしは、各章について詳細に説明する時間的な余裕がありませんので、全体を、次の六つテーマにまとめて、できるだけ簡潔に解説したいと計画してします。

I　致命的地球汚染

さて教皇フランシスコは、この回勅の冒頭から、人類と地球に多大な、そして加速的な影響を及ぼし続けている環境汚染と、気候変動の問題を取りあげています。しかしこの問題はベネディクト十六世が、二〇〇六年の元旦、「世界平和の日」の世界に向けて発せられたメッセージにも含まれていました。教皇のこのメッセージについては、わたしも当時の長崎カトリック大司教区の「正義と平和委員会」の依頼を受け、（長崎）ブリック・ホールでの公開講演で発表させていただきました。その後、拙著『蛍光の影からの声』（サンパウロ、２４７－２６９頁参照）にも収録していますから、もし不眠症に悩まれる方がおられるなら、是非ご一読をお勧めいたします。「効果抜群」、という専らの評判です。

現教皇フランシスコはこの回勅の第一章で、人類共通の家であるこの地球で起きている環境汚染や、気候変動などを厳しく論じています。

1　地球汚染の問題（20－26番参照）

まず環境汚染の問題ですが、彼はこれを、「人々が日常的に被っているさまざまな形態の汚染」のひとつと指摘し、次いで大気汚染物質については、「汚染にさらされることによる健康被害は広範囲である」が、特に貧しい人々に及ぼす影響が大きく、おびただしい早逝の原因となっている、と一般的に言及した後、具体的には次のように述べています。「たとえば、料理や暖房に使う燃料からの高濃度の排煙を吸うと病気にかかります。また、輸送機関、工場の排煙、土壌や水の酸性化を助長する物質、肥料、殺虫剤、そして農薬一般によって引き起こされ、あらゆる人に影響を及ぼす汚染もあります」（20番、この章での番号はすべて本回勅のものである）

次いでフランシスコ教皇は、毎年数億トンともいわれる「危険廃棄物」や「残留物」によってもたらされる汚染について指摘しています。「これらは家庭や職場のゴミ、建築廃材、医療廃棄物、電子機械廃棄物、工業廃棄物」などを含みますが、それらの多くは生分解性を持たず、高い毒性と放射性を持っています。こうして「都市や農業地域で使用される化学製品や産業廃棄物は、そうした場所の毒性レベルが低いときでさえも、地域に生息する生物の体内で生物濃縮をもたらす可能性があります」（21番）、と教皇は指摘しています。

2 水問題（27―31番参照）

フランシスコ教皇は、このような現象を「使い捨て文化」と呼びますが、この文化に汚染された水は、わたしたちに深刻な問題を提起しています。清潔な飲み水は、わたしたちの日常生活にも、最重要な課題だからです。

「水は人命にとって、また水圏や水圏の生態系の維持にとって、なくてはならないものだからです」、と教皇は警鐘を鳴らします。事実水は、「健康管理、農業、工業のためには、真水の水源が必要」だからです。しかも教皇は、現在は大きく改良されたとはいえ、国や地域によっては、飲み水の不足に苦悩している所さえ多くあります、と指摘しています。

水に関して、とりわけ重要なことは、利用可能な水の質の低下の問題です。教皇は、「希少資源」である水を、「市場の法則に従う一商品に変え、私有化しようとする傾向が強まっている場所がある」ことを指摘し、「安全な飲み水を入手することは、人間の生存に不可欠であり」、「基本的で普遍的人権」であるとさえ公言しています。

3 生物多様性の喪失（32―42番参照）

教皇は、「地球の資源は」、「経済や商取引や生産の近視眼的な猛進のあまり、強奪されています」と警告しています。「森や森林地帯の喪失は、食物のためばかりではなく病気の治療や、他の用途のためにも、将来的にきわめて重要な資源となるかもしれない種の喪失を伴う」からです。

ついで教皇は、哺乳類や鳥類の生存についても言及します。「生態系の健やかな機能は、菌類、藻類、ぜん虫類、昆虫類そして数え切れない種類の微生物を必要としています」から、たとえ目に見えなくても、特定の場所の平均状態を維持するためには、極めて重要な役割を果たしているからです。

何らか事業計画においては、しばしば種や動植物集団の喪失は重視されず、生物多様性への影響への入念な調査も軽視されます。たとえば「高速道路、新規耕作地、特定地域の囲い込み、水源の堰き止め、また同様な開発によって天然の生息環境が占領され、もはや動物個体群が自由に移動したり、歩き回ったりできないようなしかたで分断されることもあります」。その結果として、いくつかの種を絶滅させることにもつながります。

教皇は、「地球の肺」とも称せられる「生物多様性が豊富な場所」、たとえばアマゾンやコンゴ盆地、あるいは大規模な帯水層や、氷河の危機についても言及しています。このような森林が、耕作目的で焼き払われたり、しばしば不毛の荒れ地と化したりするようなことは、たとえ保護を装いつつも、実は国家の主権を脅かすほどの巨大な世界的規模の経済的利益が追求されている場合も、少なくはないからです。

教皇はさらに、「海洋」についても語っています。「海洋」は、地球の水供給の大部分をまかなうだけではなく、無数に近い膨大な種類の生物を養っていますが、これらは人間側の、時々はあまりにも勝手な理由によって脅威にさらされているからです。

熱帯や亜熱帯の海で見られるサンゴ礁は、陸地の巨大な森林に相当し、魚類、甲殻類、軟体動物、海綿動物、藻類などを含む百以上の種のすみかともなっているのですが、今日ではそれらの多くが、枯れたり、衰退し続けています。フランシスコは、一九八八年一月二十九日の、フィリピン司教協議会の司牧書簡『美しきわが故郷に何が起きているのか』の一節を引用しながら、「海の中のすばらしい世界を、色彩も生命も奪われた水底の墓地へと変えてしまったのは、一体だれなのですか」、と深い悲しみをもって世界に向けて問うています。このような現象は、「森林伐採や単一栽培農業、産業廃棄物や破壊的な漁法、なかでもシアン化物やダイナマイトを使用する漁法の結果として海に達する汚染によるところが大きい」、と考えられているからです。

4　生活の質的低下と社会の崩壊（43－59番参照）

以上考察した地球汚染の問題でいちばんの被害者は、他でもないわたしたち人間です。もちろん万物の霊長として神に創造された人間は、神の代理者として世界を治め、完成させなければなりません。地球の自然環境を崩壊している当事者が人間であるならば、当然人間がその被害を被ることになります。それ故に地球環境を崩壊することは、わたしたち人間が天に向かって唾を吐くようなものです。だからこそ教皇はここで、わたしたち人間に負わされている種々の被害についても語っているのです。

教皇はまず、多くの都市が遂げている桁外れの無秩序な成長をあげています。このような都市は、「有毒排出物による汚染のためばかりではなく」、「都会の秩序のなさや交通機関の問題、視覚や聴覚に影響する汚染」のために、生活環境としても容認できないほどに悪化されています。

多くの都市では、「エネルギーと水を過度に浪費する、巨大で非効率的な建造物」が立ち並び、「過密で、無秩序で、緑地」が少ない、「コンクリートやアスファルト、ガラスや金属に覆われ、自然との肌の触れ合いが奪われ」ていて、人間的に楽しく、豊かな生活ができなくなっています。

また場所によっては「空間さえも私有化され、格別美しい場所を市民が利用することが難しくなり」、少数の者だけが利用できる「エコロジカルな」住宅地さえ出現しています。

教皇がここで特に強調していることは、「環境と社会の悪化は、地球上のもっとも弱い人々に影響する」、ということです。こうして貧困と不平等の問題が大きく浮上するようになります。そして教皇はこの問題を次のように具体的に説明します。

「漁業資源の枯渇は、代替資源を持たない小規模漁業共同体に著しい不利益を与えます。そして水質汚染は、ボトル詰めの飲料水を買えない貧しい人々にとくに影響を及ぼします。そして、海面上昇は、移住する場所のない沿岸地域の貧しい住民に影響を及ぼします。現今の不均等の悪影響はまた、多くの貧しい人々の早逝にも、資源不足が火種となった紛争にも、そして国際的な行動計画の中で十分に取り上げられていない他の諸問題にも見られます」

このようにして排除された人々について、ほとんどの人々は、あまりはっきりと自覚できていない、と教皇フランシスコは嘆いています。しかしこうした人々は、地球住民の多数であり、何十億にも及ぶとも警告しています。しかもこのように重要な国際的諸問題がたとえ副次的被害としては取り扱われても、然るべき国際的舞台で議論されないことについて、教皇は、世界の経済的、政治的指導者たちが、このように惨めな状況とは無関係に生きているからだ、とも発言しています。つまり現代社会の指導者、オピニオンリーダー、メディア、あるいは権力中枢にある人々は、豊かな都市生活にとっぷりと浸っていて、極貧な生活を余儀なくされている一般の、しかし大多数の人々とは遠く離れた人々であるから、彼らはとうてい貧しい人々の「代弁者」とは言えません。

それでは、このように何の不足もない裕福な生活を、当然で、しかも永続すべき状況と思って疑わない人々は、新しい深刻な問題、たとえば現在の世界的難問として提示されている「人口増加問題」について、どのような論陣を張っているのでしょうか。「確かに、人口と資源の不均等な分布は、開発と環境の持続可能な利用において障害を生むことに」

なる場合もあります。しかしそれでも教皇は、カトリック教会の伝統的社会教説にしたがって、「人口増加は、包括的で共有された発展と完全に共存可能です」、と断言します。もちろんそのために、わたしたちはまず、問題解決の糸口を、過度で飽くことなき消費主義について反省もしないで、ひたすら人口増加を非難する人々の意見を拒否すべきでしょう。このような考えは極端な意見で、問題解決ではなく、むしろ問題からの逃避だからです。今までの考察からも明白なように、地球には収めきれないほど有毒な廃棄物、生産されている食品のおよそ三分の一が捨てられている事実、繰り返しになりますが、環境汚染、輸送、廃棄物処理、資源の枯渇などの諸問題に無関心なままで、貧困問題や人口増加についての正しい解決はありえないからです。

このような極めて複雑で困難な状況にあってわたしたちには、その解決策としてさまざまな考え方が提示されますから、わたしたちはこれら諸説に、真摯に耳を傾けなければならないことは言うまでもないことです。しかしわたしたちはここで、次の二つの極端な主張を退けるべきでしょう。一方の極端な説は、「倫理的な配慮も根本的な変革もなしに進歩神話をかたくなに主張し、環境問題は新たな技術的応用によって単純に解決されると断言する」人々のそれです。そしてもう一方の極端な説は、「人的介入はすべて脅威であり地球生態系には害でしかないのだから、地球上の人間の数を減らし、人的介入はすべて禁じるべきだ」、と主張する人々の考えです。倫理学でよく「徳は中庸にある」、といわれますが、この場合わたしたちは、「真理は中庸にある」と置き換えて、真理はこれら両極端な説の中間の立場に立って、将来に向けての実行可能なシナリオを描かなければならなくなります。そうなってはじめて、総合的な解決策となる対話の基盤が与えられるからです。そしてそれはかならず存在するはずです。

しかも「時は人を待たず」です。しかも教皇は、「変化と悪化があまりに急速で、限界点の兆候も見えている」、と公言しています。そしてこの兆候について彼は、「すでに非常に高い危険にさらされている」地域があるだけではなく、世界の滅亡をさえ予測させるほどの危機感をさえ予感しています。だから教皇は、「現今の世界の構造は、多様な観点から確実に持続不可能です」、とまで発言しています。しかもこれら諸悪の根源は他ならぬわたしたち人類です。なぜなら、教皇ヨハネ・パウロ二世が、二〇〇一年一月十七日の一般謁見講話で言われたように、「地球の諸地域を眺め渡せば、人間が神の期待を裏切ってきたことにすぐに気付かされる」からです。そこでフランシスコ教皇は論点を、第二章の「創造の福音」に向け、わたしたちに「創造の神学」について反省を促しています。

II　創造の福音

「回勅」は本来、全世界の司教、聖職者、およびすべてのカトリック信徒に宛てられる公文書ですが、その伝統的形式を破ったのが、ヨハネ二十三世教皇でした。彼は回勅『パーチェム・イン・テーリス』で、その宛て方について、初めて「および善意あるすべての人へ」と付け加え、以来これが一般的な様式となっています。

しかし本回勅にはそのような文言は読まれませんが、しかし内容的には、思想、宗教、宗派の違いとは無関係に、この小さな地球に一つの家族として生きている、いわば地球のすべての住民に、どうしたらこの危機が迫っている環境崩壊を防止できるかと問い、世界的規模の一致と協力を呼びかけています。しかしこの第二章では、特にキリスト教的信仰を生きている人々に、確固たる信仰に基づく活動や行動を強く促しています。

しかしここでわたしたちがもう一つ注意しなければならないことは、教皇フランシスコの教えには、教会の教えを、上から目線で一方的に押しつけるのではなく、すべての人々との真剣な対話によって、すべての人が納得できる解決策を探そうとする謙虚な姿勢が浮き彫りになっていることです。だからフランシスコは、この問題の解決は、「生態学的危機の複雑さと、その原因の多様性に鑑みれば」、一つの方法だけでは解決されない、と考えます。それはむしろ、「さまざまな民族が有する多彩な文化的富、芸術や詩、内的生活や霊性に対しても敬意が示されてしかるべき」、だと言います。

カトリック教会はもちろんエコロジーを専門とする宗教団体ではありませんが、しかし伝統的哲学・神学的思索によって、信仰と理性とのさまざまな総合を生み出すことができましたし、最近は特に、現代の社会問題に関する新しい挑戦によって、混迷する現代の社会的諸問題にも、豊かな光を提供できると信じ、またそうでありたい、と願っています。

1　『創世記』が語る知恵

A　人格的存在として人間の創造

カトリック的エコロジーについての思索を深めるには、「創造」についての考察から始めるべきでしょう。『創世記』の冒頭には、すべての人は神の愛から、しかも「神に似せて造られた」（創1・26参照）、と記されています。この聖書的記述は、人間が単なる「物」ではなく、「自分を知り、自分を所有し、自分を自由に与え、他の人々と親しく交わることができる」人格的存在として創造されたことを教えています。聖ヨハネ・パウロ二世教皇はここに、創造主のそれぞれの人間に対する愛と、尊厳がある、と説いています。

したがって人間の尊厳を守るために献身する人は、このようなキリスト教的信仰に、その深遠な根拠を見いだすべきです。つまりわたしたち一人ひとりの人間は、混沌とした偶然的な世界の中で、偶然的に誕生したのではなく、神の無限なる愛と、素晴らしい計らいの中で、神によって存在を与えられたのです。換言すれば、創造主は、「わたしはあなたを母の胎内に造る前から、あなたを知っていた」（エレ1・5）、とわたしたち一人ひとりに仰せになっているのです。

B　『創世記』における象徴的な物語

『創世記』の創造記述には、象徴的で、物語的な言語で、人間存在と、その歴史的現実とが密接に絡み合う、三つの根本的なかかわり、すなわち①「神とのかかわり」、②「隣人とのかかわり」、そして③「大地とのかかわり」が、罪によって引き裂かれる形式で描かれています。つまりわたしたち人間は、「神の代理者」として身分を忘れて「主人」となり、「造られた者」として身分や限界を拒むことによって、創造主と人類、人類と他の全被造界の間の調和に混乱を来たしました。こうして、わたしたちに賦与された地を「従わせ」（創1・28）、そこを耕し、守る」（同2・15）という統治の任にゆがみが生じたのです。その結果、もともと調和が取れていた人間と自然とのかかわりにも不調和が生じるようになりました（同3・27－19）。そしてこのような不調和の状態が今も継続されています。

まずは「神」と人間との不調和から考察しましょう。この問題については、女への狡猾な蛇の誘惑から始まって、人類の堕落について記述されている「創世記」に記されています。

「神である主が造られた野のすべての動物のうちで」、「最も狡猾であった蛇」は女に、「お前たちは園にあるどの木の実も食べてはいけない、と本当にいわれたのか」、と問いかけます。これは実に巧みな誘導尋問です。女は、「園にあるどの木の実も食べてよいのですが、『園の中央にある木の実は食べてはならない。触れてもならない。お前たちが死ぬといけないから』」、という神の言葉を伝えます。ここで誘惑者は、蛇の口を介して、「善罪を裁くのは神ではなく、あなた自身だよ」、と言っているのです。だから蛇は女に、「いや、あなたがたは死にはしない。それを食べるとあなた方の目が開かれて善悪を知り、神のようになることを、神は知っているのだ」、と言います。「神のようになる」とはもちろん、「神と同等になる」、という意味です。もし神が否定されれば、善悪の最高の裁き主は神と同等なあなたもそうなるのだ、という意味に理解されます。

人間とは不思議な動物で、「するな」、と言われたことはしたくなるし、「読むな」と言われれば読みたくなるものですが、『創世記』の女もそうでした。「女が木を眺めると、その実は食べるに適し、目を引きつけ、賢くなるには望ましいと思われた」ので、「それを取って食べ、ともにいた夫にも与えたので、彼も食べました」。このようにして二人は、神を裏切り、人間の方から神との親しいつながりを断ち切ったのでした。最終的に二人は、「エデンの園」から追い出されることになります（創3章参照）。

二人の人間と神との分裂はすぐに、人間間にも大きな亀裂を生じることになります。『創世記』ではまず、最初の男と女との間に生じた深い亀裂について記されています。主が「人から取ったあばら骨を一人の女に造りあげ、人の所に連れて来られたとき」彼は、「これこそ、わたしの骨からの骨、わたしの肉からの肉。男から取られたのだから、これを女と名づけよう」と喜び、こうして二人は一体となりました（同2・18－25参照）。しかし二人の固い絆は、最初の試練に遭遇した時に、もろくも無残に切り裂かれます。主が、おそろしさのあまりかくれていた男に、「わたしが食べてはならないと命じておいた木の実を、おまえは食べたのか」と問うと、男はなんと、「わたしの連れ合いとしてくださったあの女が木から取ってくれたので、食べました」、と即答しています。彼はここで明らかに自分の責任を逃避しているばかりか、「わたしの連れとしてくださった、あの女が…」、ということによって、女を連れて来た（あなた）主にも責任の一端がありそうな言い方で、また自己の責任を少しでも軽減させようとしているようにも思えます。

そこで神である主は女に、「お前は何ということをしたのか」と仰せられると、女は「蛇がわたしを惑わしたので、食べました」、と返事にならない答えをしています（創3・8－13参照）。世間的にお偉い方々がしばしば、「秘書がしたこと」、「妻がしたこと」などと繰り返す「責任転嫁の文化」には、聖書的根拠がある、ということになりますが、しかしそれは悪い意味でそう言われるのですから、皆さん決して真似しないでください。

しかしこのような夫婦間の亀裂はもっと大きくなり、聖書に読まれる「兄弟殺し」にまで引き起こす結果となります。それが有名は「カインとアベル」の物語です（創4・1－16参照）。カインは、弟アベルへの妬みのゆえに彼を殺害し、「お前の弟アベルはどこにいるのか」、と仰せられる主に対して横柄にも、「知りません。わたしは弟の番人なのでしょうか」と言い放っています。

このように、神によって最初の人間とし造られた男は、生涯の貴重な「助け手」として、また「骨からの骨」、「肉からの肉」として造られた女を、いとも簡単に裏切ります。そしてカインは、血を分け合った弟を、嫉妬のゆえに殺害します。

こうした神との調和を失った人間は、同じ人間同士の深い交わりをも放棄し、ついには被造界をわがもの顔に荒らし回るようになります。その結果が自然崩壊であり、環境崩壊へとつながっていきます。

わたしはある学会で、神が大地への支配権を人間に賦与したと記す『創世記』の記述が、人間の本質を暴君的で、破壊的なものにし、自然に対する無制限な搾取を助長しつつ今日に至っているのではないか、という質問を受けたことがありました。しかしこのような聖書解釈が間違いであることは皆さんよくお分かりでしょう。人間は、たとえ神に似せて造られたとはいっても、わたしたちに与えられた支配権は、他の被造物への横暴で、抑圧的支配権ではありませんでした。わたしたちは断固として、このような説を退けなければなりません。聖書では人間に、世界という園を「耕し守る」（創2・15）ようにと告げられています。「耕すこと」は「培うこと」、「働くこと」「働きかけること」を、また「守ること」は、「世話し」、「保護し」、「見守り」、「保存する」ことを意味します。したがってここには、人間と自然の間の互恵的責任があることが示唆されています。

したがって人間はもちろん、生存に必要なものを大地の恵みからいただくことはできますが、しかし同時に、この大地を保護し、その豊かさを将来世代のために確保する義務も負わされています。「地は主のもの」（詩24・1）であり、「地と地にあるすべてのもの」（申10・14）は主に属しているからです。それゆえに、知性を賦与されている人格的存在として造られた人間は、「自然のおきてや、地上の被造物間に存在する繊細な平衡状態を尊重しなければならない」、ということにもなります。

地球も宇宙も、神秘に満ちています。その存在も神秘的役割も、けっして「偶然」では解決されません。それらはすべて、無限なる愛に満ちた神の永遠のご計画に完全に依存しているからです。

2　イエスのまなざし

以上わたしたちは、『創世記』を中心に、人間と自然の関係について考察して来ましたが、ここでイエスご自身が、自然、あるいは被造物をどのように観ておられたかについても少し考察しておきましょう。フランシスコ教皇の言葉を借りると、「イエスは、弟子たちと語る中で、被造物に対する神の父としてのかかわりを悟るよう、促そうとしました」、と次のように優しくわたしたちに語りかけています。

「イエスは、感動的な優しさをもって、『五羽の雀が二アサリオンで売られているではないか。だが、その一羽さえ、神がお忘れになるようなことはない』（ルカ12・6）と、「その一つ一つが神の目に大切なものと映っていることを、思い起こさせようとしました。『空の鳥をよく見なさい。種も蒔かず、刈り入れもせず、倉に納めもしない。だが、あなたがたの天の父は鳥を養ってくださる』（マタ6・26）のです（96番）。

「環境問題」は今日流の表現を借りると、超現代的表現ですから、当時のイエスがこのような言葉を使用したり、論じたりするようなことはなかったでしょうが、自然を通して神と、その摂理について語っておられる箇所については枚挙にいとまがありません。


今年はコロナウイルス流行のために、不要不急の外出と、「三密」が禁じられた関係から、例年は多くの桜見客で賑わう桜の名所も閑散たるものでした。幸いにわたしは、定期検査を受けるために病院に向かう途中、永井隆博士の意向によって植えられた美しい桜並木を通ることができました。当時永井は、どうにか病床から立ち上がり、「今後ここに人間は住めない」と噂され、一面焼け野原と化した浦上の小高い丘に立っていました。しかし彼はそこで、小さな蟻の群と、石と石の狭い隙間から芽を出している、弱々しい一本の草に気付きました。そして彼は、こんな小さな蟻の群が、こんな弱々しい一本の草が、生きて大きく成長しようと、懸命に頑張っている。人間が生きられないはずはない。彼は、浦上の人々がはやく元気を取り戻して浦上教会と長崎復興に立ち上がれるよう呼びかけ、その先頭に立ちます。季節になると現在も、山里小学校の通りや、その周囲に美しく咲き乱れる桜は、永井が、被爆した子どもたちが、桜の木のように大きく成長して美しい花を咲かせ、人々に生きる希望と勇気、そして大きな喜びを与えられるように、と願って、ご自身の著作によって得られた印税を惜しみなく注ぎ込んで植えられた桜の苗でした。

同じ長崎の旧県庁跡の、いわゆる「県庁坂」には、毎年五月になると、約五十本のクスノキの並木が新緑の輝きを増し、街路樹をより美しくかざり、人々の心をうきたたせます。この街路樹のクスノキも、終戦直後に長崎再興のシンボルとして植えられた、と言われます。こうしてクスノキは、市民の復興への努力を見守り、市民は都会の養分の少ない狭い路地の真ん中で、少しずつ成長するクスノキに励まされて、今日に至っているのです。しかし、このような自然と、わたしたちとの親密な関係に気付いている人が、はたしてどれだけいるでしょう。神秘に満ちた自然と、わたしたちとの神秘的に深い、密接な係かわりについてあまりにも鈍感なわたしたちは、平気で自然を破壊し続けているのではないでしょうか。

ところで皆さん、もう一度福音書を開き、イエスがなさった多くの話に目を留めて、読み直してみて下さい。そこには、自然が、神と人間、神と自然、あるいは三者の美しい関係が調和的に描写されています。

たとえば、ヨハネ福音書には、「目を上げて畑を見なさい。畑は刈り入れを待って色づいている」（ヨハ4・35）、と言う表現が読まれます。この言葉は、旅の途中、弟子たちが食べ物を買いに行って帰り、「ラビ、召し上がってください」、と言った時のイエスの答えですから（ヨハ4・27－35参照）、イエスのお答えは、「食べ物」の話とは直接には関係はありません。しかしこのようなイエスのお答えは、主は、地方一体を巡り歩きながら、御父が蒔かれた美をしばし立ち止まって観想なさり、物事の中にある神のメッセージを敏感に感じ取るよう、「目を上げて畑を見るがよい。色づいて刈り入れを待っている」、と弟子たちに呼びかけられたのではなかったでしょうか。

人々はイエスのことを、「いったい、この方はどういう方なのだろう。風も湖さえも従うではないか」（マタ・27）、と感嘆しています。わたしたちは、何かに集中して一生懸命になれば、すぐ偏った生活に陥ります。勉強に力をいれて家にこもることが多くなれば「付き合いが悪い」と非難されますし、あまり広く付き合うと、「落ち着きがない」、と噂されます。そのような状況下でわたしたちもしばしば、落ち着きある生活、調和ある生き方を見失って、ついに孤独にあえぐようなこともあります。

イエスはどうだったでしょうか。イエスは、あるいはこのことは多くの人々の予想に反することだったかも分かりませんが、世を捨てたて苦行者としての生き方でもなく、だからと言って人生のあらゆる楽しみを拒否する厭世者のような生き方をなさったわけでもありませんでした。たしかにイエスは、ご自身が言っておられるように、「人の子が来て、飲み食いすると、『見ろ、大食漢で大酒飲みだ』」（マタ11・19）と非難されたことがあったことを想うと、むしろ罪人やあまり評判がよくない人々と共に、杯を交わす時もあったでしょう。しかしこのようなことは、世の救い主イエス・キリストにとっては当然想定内のことでした。人間を救うためにわざわざ人間となられたキリストは、自然的にも徹底的に人間として生きることを望まれたからです。しかしイエスは、決してそのような自然的生活に完全な安らぎを求めて、そこにのめり込んだり、あるいはそのような世界に生きる人々を軽蔑するようなこともなく、むしろ彼らと同じ者となり、彼らの友となって、彼らとともに、救いの道を歩くためでした。

わたしはローマでの研究の場として、当時の「アンジェリクム大学」を選びました。「アンジェリクム大学」はドミニコ会の経営で、校名は、同じドミニコ会出身の聖トマス・アクィナスが、天使的な知的鋭さをもっていたことから、「天使的博士」（Doctor Angelicus）と呼ばれていたことに由来する、特にトマス哲学・神学では世界的に有名な大学です。（第二バチカン公会議後は、世界中に散在していたドミニコ会経営の諸大学を統一するために、「聖トマス大学」と、改名されて今日に至っています）。大学はローマの中心の小高い、静かな丘の上に、四角形の中庭を中心に校舎が建てられていて、今でも中世的学風を思わせる素敵な大学です。

わたしがこの大学を選んだのは、本物の聖トマス・アクィナスを学びたかったからでした。そしてもう一つの理由は、そこで教鞭を執っていたガリグ・ラグランジュ師の講義を是非聴きたい、と熱望していたからです。ラグランジュ師はフランス人のドミニコ会員で、マリタン、ジルソンなどと共に、トマス哲学・神学を復活させた中世思想の三人の再興者の一人で、カトリック哲学・神学会に不朽の足跡を残した、まさに十九世紀から二十世紀を代表する偉大なカトリック学者でした。

岩下荘一師（一八八九－一九四〇・哲学者、神学者）が東大の未来の哲学教授として、国家からヨーロッパ留学を命じられ、フランスのソルボンヌ、イギリスのオクスフォード、ベルギーのルーヴァンなどの諸大学で哲学の講義を聴講しても満足せず、「大学荒らし」という汚名を着せられたまま、最後に辿り着いたのがこのアンジェリクム大学でした。彼はここでラグランジュと出会います。岩下は、初めて聴講したラグランジュの講義について後で、「学校の授業で初めて泣いた」、と日記に記しています。

またまた横道に大きく逸れますが、わたしが、一九六二年、学位論文の指導をお願いするために、同じフランス人のジーロン師の部屋を訪ねますと、彼は開口いちばん、「日本人だねー。お座りなさい」、と椅子をすすめ、「君、岩下荘一神父を知っているかねー」、と問われました。わたしは驚いて、「もちろん直接にお逢いしたことはありませんが、わたしは彼の大ファンで、彼の著書は全部揃えて持っていますし、読み終えています」、と答えると彼は、「岩下師はこの大学での講義で、いつもわたしの隣の席だったんだが、時々、特にラグランジュ教授の講義では泣いていたよ」、と語ってくれました。そして「若し彼があと十年生きて研究してくれたら、日本だけではなく、世界の哲学界も今とはもっと大きく変わっていたと思うよ。わたしも此処に来るまで、二、三の大学をまわったが、彼ほどの秀才には出会わなかった」、と懐かしそうに話してくれました。

しかしわたしがローマで研究に行く二年前に、ラグランジュ師は大学を定年退職して、すでに大学の修道院で隠居生活に入っていまして、残念ながら、わたしは一度も、彼に逢うことができませんでした。しかもわたしがローマに行った一年後、彼は老衰のために亡くなられました。

彼の死が告げられると、ローマ滞在の高位聖職者をはじめ、世界中から著名な哲学者・神学者たちがローマに集まり、彼の逝去を悼みました。わたしの記憶によると、葬儀前夜のお通夜の式は、午後八時から大学のチャペルで荘厳に執り行われました。しかし式後も弔問者の列が後を絶たず、ついに大学側は、彼らのために一晩中チャペルを開放する、という異例の決断を発表しました。当日わたしも参加したのですが、参列者が大学下の大通りにまでつながっていましたので、わたしは翌朝、あらためて式場に行きますと、弔問者の行列はまだ続いていました。しかしわたしはそこで、もう一つの新しいことに気付き、啞然としました。行列に残っている人々のほとんどは、一目でそれと分かるホームレスの人々だったからです。わたしは後で、故ラグランジュ師が毎週金曜日の夜遅く、修道院に残っているパンを集めてスータンの大きなポケットに詰め込んで（当時金曜日は小斎日の義務が実践されていましたので、修道院の食堂にはしばしばパンが残っていました）、ローマ駅に行き彼らの出現を待ち構えていた。ホームレスたちと一緒に、駅前広場に座り、短い祈りを唱えたあと、彼らが持ち寄った飲みかけのブドウ酒を回し飲みしながら、師が持ってきたパンを分け合って食べていたのだそうです。

ラグランジュ師は、時の教皇ピオ十二世の顧問神学者であり、万人が認める当時のカトリック教会の最高の知的リーダーでしたが、しかし同時に、誰からも認められない貧しいホームレスたちの最大の友でもあったのです。

トマス哲学・神学研究の、まさに歴史的な代表者であったラグランジュ師は、「自然」と「超自然」とを対立的にではなく、むしろ同じ目的に調和的に向かわなければならない道として捉えていた、とわたしは理解しています。「超自然は決して自然を破壊せず、むしろこれを完成する」、という有名なトマスの格言的哲学的原理が、今日もなお、脈々と継承され、生かされていることを実感したわたしは、「真理の永続性」に、あらためて深い感動を覚えざるをえませんでした。

Ⅲ　生態学的危機の人間的根拠（101–136番）

『読売新聞』（二〇二〇年四月十五日）に、文明の行く末をテーマに数々の展覧会を催し、日本とニューヨークを往来しながら活動している美術家の杉本博司氏の、「新型コロナウイルスの脅威に直面している世界をどう見ているか」、という質問についての答えが転載されていました、その中に次のような文言がありました。

「中世のベスト流行時、人々は神が人間を罰しているのだと思った。しかし今、神は人を罰するほどの力を失ってしまった。私は自然の摂理が人を罰しているのではないかと思うのだ。文明とは環境世界を食い物にして成長する。今、成長の臨界に達した一生命種としての人類は、全滅を避けるための自動調節機能が働いて、活動の自粛を求めているのだ。全世界が自粛する中、ベニスの運河には透き通った水が戻り、京都やフィレンツェには昔日の面影が戻ってきた」

一見して示唆に富み、簡潔に想えるこの文章を皆さんは、どのように理解されたでしょうか。これからのわたしの話は、この短い文言について、皆さんが下す評価判断の参考にはなるだろう、と思います。

ところで教皇フランシスコは、先週の日曜日の「昼の祈り」の時に、いつものように自室の窓から、ペトロ大聖堂前の広場に参集している世界の人々に向けて、新型コロナウイルスの驚異的拡大力に触れ、「今は神の裁きの時ではありません。しかしわたしたちが生活態度を変えなければならない時です」、という意味の発言をなさいました。

教皇は、環境問題を取り扱っているこの回勅の第三章で、「生態学的危機」について論述したあと、その危機の原因について、「その危機の人間的な根源を認めないなら、ほとんど意味がありません」（101番参照）、と断言しています。

1　テクノロジー時代の恩恵

わたしたちは確かに、史上、かつて経験したことのないほどに技術が躍進を遂げた時代に生き、その恩恵に浴しています。戦後七十八年の歴史を振り返るだけでもわたしたちは、十分にその進化と発展の跡を如実に観察することができます。たとえば鉄道、飛行機、豪華客船、ついには宇宙旅行さえも話題になるまでの交通機関の発達、テレビ電話はもちろん、携帯電話・ファックスなど、かつては夢物語でしかなかった電気器具が今ではわたしたちの日常生活には欠かせない日用品となっています。

約六十年前、わたしが大神学院に就任した時、わたしは「お客さん係」に任命されました。当時は講義や会議のための来客だけではなく、出張する神父たちの旅行のために汽車の切符を購入し（当時飛行機はまだ一般的ではありませんでしたので）、しばしばホテルまで予約しなければなりませんでした。わたしは、先ず交通公社へ行って、長い行列に並んで順番を待ち、ようやく自分の順番が来てホッとする間もなく、「満席です」、と断られることもしばしばでした。しかし今日ではどうでしょう。電話一本で、国内はもちろん、国際線の飛行機の座席、ホテルまで予約できます。

テクノロジーの面で特に顕著なのは、化学工業、医療関係の近代化、デジタル革命、ロボット工業、バイオテクノロジーなど、それこそ枚挙に暇がありません。生来機械文化に音痴なわたしなど、現代社会の激しい変化にはついていけず、「時代遅れ」の汚名を着せられています。しばしば恥ずかしく、不便を感じることはありますが、そうかといって、そこで新しい知識や技術を習得しようという気にもなれない。

病院で何かの異常を訴えると担当医師には、「歳が歳ですから」、と軽くかわされます。先日も、「先生わたしの寿命はあと何年位ですか」と聞くと、「年齢相応ですよ」、という予想通りの答えが返ってきました。

とは言ってもわたしは、文明、技術の目覚まし進歩発展を決して否定したり、いやがっているわけではありません。むしろわたしは人類のこのような進歩の事実を心から歓迎し、今後ますますさらに大きく発展してわたしたちの幸せな生活と、世界の平和に寄与することができるよう期待しています。

テクノロジーは、教皇フランシスコの言葉を借りると、「わたしたちにすばらしい可能性を与える、神が授けたもうた人類の創造性の驚異の産物」（教皇ヨハネ・パウロ二世、一九八一年二月二十五日の記念講演『技術、社会、そして平和』より）ですから、こうした進歩を喜び、わたしたちの前に広がる無限の可能性に興奮するのは正当なことです。「有用な目的のための自然改革は、人類家族をその原初から特徴づけるものでした」し、「テクノロジーそれ自体は、物理的制約を徐々に克服するための原動力となる人間の内的緊張をあらわすからです」。事実テクノロジーは、それまで人間を傷つけたり、制限していた数え切りない害悪を取り除いてくれました。それは先ほど指摘した通りです。

ついでテクノサイエンスについて一言付言しますと、これがよい方向に向けられれば、「生活家電から大規模輸送システムや橋梁、建築物や公共空間まで、生活の質を向上させる重要な手段を生み出すことができます。それはまた、芸術作品を生み、物質世界に埋没した人々を美の世界へと『跳躍』させてくれます。飛行機や高層ビルの美しさを、だれが否定しうるでしょうか。美術や音楽の優れた作品は、今では新しいテクノロジーを利用しています。そこでは、美の作り手の欲求も、その美の観賞も、人間に固有なある種の十全に至るような跳躍となるのです」（本文93番）

しかし以上のような現代文明や、技術の進歩発展についての教皇フランシスコの称賛と高い評価が、彼のテクノロジー論のすべてではありません。陽の輝きの裏には、かならず影があるように、テクノロジー的進歩発展の影についても教皇は、まさにテクノロジー時代の大きな危機としてわたしたちに提示し、強い警鐘を鳴らしています。次はこの問題についてて考察しましょう。

2　テクノロジー時代の弊害

教皇が、テクノロジー時代の弊害としてまず第一にあげられることは、権力、とくに支配権の集中化の問題です。教皇は、「核エネルギー、バイオテクノロジー、インフォメーションテクノロジー、人間のＤＮＡに関する知識、また、獲得してきた他の能力によって、わたしたちは絶大な権力を手にしてきたということをも、わきまえておかなければなりません。より正確にいうと、これらが、知識をもった人々、なかでもそれらを利用する経済力のある人々に、人類全体と全世界に及ぶ強大な支配権を与えてきたことです」（１０４番）、と主張しています。ここで教皇がわたしたちにことさら警鐘を鳴らすのは、これほどの権力が、賢明に、そして正しく行使される保障はどこにもないからです。むしろ彼は、現代の戦争では、これまで以上に破壊的な兵器が用いられることを忘れずに、二十世紀半ばに投下された核爆弾、ナチスや共産主義や、その他の全体主義体制による、何百万人もの殺戮に用いられた数多くのテクノロジーを思いだすようにうながしながら、これが少数の人々の手中に独占されることを危惧しています。

Ⅳ　総合的なエコロジー

あらゆるものは密接に関係しあっていますから、わたしたちは今日の地球規模の人間的側面と、社会的側面を明確にする総合的なエコロジーを考察する必要に迫られています。おそらくこのような問題意識のもとで書かれたこの項は、それゆえに対話によって対策を模索する次項とともに、本回勅の中心的内容となります。わたしたちは、「環境危機」と「社会危機」という別個の二つの危機にではなく、社会的で、環境的でもある複雑な危機に直面しているからです。

1　環境的、経済的、社会的エコロジー

そもそもエコロジーとは何でしょうか。フランシスコ教皇はそれを、「生命体とその生育環境とのかかわりの研究です」（138番）、と定義しています。となれば、このような研究には、社会の存在と存続に必要な諸条件に関する考察と討議、そして開発と生産と消

費の特定のモデルの問い直しに必要な正直さを必然的に伴っています。すべてはつながっているからです。「時間と空間」は独立して存在しているのではなく、「原子や素粒子でさえ、単独で捉えることはできません。」それはちょうど「地球のさまざまな側面」、たとえば物理的、化学的、生物学的側面が関係し合っているように、生物種もまた、探り尽くすことも知り尽くすこともできないネットワークの一部に過ぎません。

また「環境」という時、わたしたちがほんとうに言おうとしているのは、「自然と、その中でいとなまれている社会とのかかわりのことですから」、自然を、わたしたち自身とは無関係なもの、あるいはわたしたちの単なる生活背景とみなすこともできません。わたしたちは自然の一部で、その中に包摂されており、それゆえに自然との絶えざる相互作用の中にあります。ですから当然、ある領域の汚染原因を突き止めるには、社会の仕組み、その経済のあり方、行動のパターン、現実把握の方法についての研究も必要になります。「解決への戦略は、貧困との闘いと、排除されている人々の尊厳回復、そして同時に自然保護などを、一つに統合したアプローチをしています」（139番）、と教皇は指摘します。「たとえば一つの有機体は、神の被造物として、それ自体において善なるもの、感嘆すべきものであり、一定の空間に存在し、一つのシステムとして機能している調和の取れた有機体の集合も同じです。わたしたち自身の存在は、そうしてより大きなシステムに依存しています。たとえば二酸化炭素の吸収、水の浄化、疫病や流行性感染症の制御、土壌の形成、廃棄物の分解において、また、わたしたちが見過ごしたり、あるいは単純に知らずにいたりする他の多くのしかたで、生態系どうしがどのように作用し合っているかを思い起こせばいいのです。それゆえに「持続可能な利用」について話す際はいつも、相異なる領域や様相で発揮される各生態系の再生能力が考慮されなければなりません」（140番参照）

2　文化的なエコロジー

教皇は、「自然という遺産と同様、歴史的、芸術的、文化的遺産も脅威に曝されています」（143番参照）、と言います。多様注を持つ民族や文化の権利を尊重し、先住民共同体とその文化的伝統への気遣いが必要だからです。こうした遺産は、おのおのの場所で共有されているアイデンティティの一部分であり、「住むに適した都市を建設する際の土台」でもあります。もちろんそれは、現在の都市を崩壊して、新しい都市を建設する、という意味ではなく、むしろそれぞれの場所の歴史、文化、建造物を取り入れて、その場所固有のアイデンティティを維持する必要がある、という意味です。こうしてエコロジーはまた、人類の文化財の保護に、広い意味で、積極的に関与できます。換言すると、「エコロジー」は、環境問題の研究にあって、専門的な科学言語と、民衆の言語との対話を大切にし、地域文化により大きな関心を払うよう要求します。

またわたしたちは、現代の消費主義的考え方が、今日の地球規模化された経済機構によって助長され、諸文化の均一化をもたらし、全人類の相続財産であるはかりしれない多様性を損ねていることにも注目すべきです。あらゆる問題を、画一的な規則や技術的な介入によって解決しようとする試みが、地域共同体の全構成員の積極的参加を必要とする地域の問題の複雑さを看過させるに至ることもありえるからです。

「新しい文化の形成過程においては、外部から持ち込まれた新規な枠組だけではなく、地域文化そのものをその基礎とする必要もあります。伝統的文化への単なる技術的な介入は、たとえ病状への対処はしても、伏在するより深刻な問題への対処はしないというリスクがある」、とも教皇は指摘しています。「民族や文化の諸権利を尊重し、歴史的過程なくして社会集団の発展はありえない」ということを、わたしたちはよく理解しなければなりません。

「多くのかたちで表れる甚だしい環境の酷使と悪化は、地球共同体の暮らしを支える資源を使い尽くすだけではなく、長きにわたって、その文化的アイデンティティを培い、生きることと、ともに暮らすことの意味へのセンスを育ててきた社会構造をも台無しにしまます。文化の消失は、植物や動物の一生物種の消失と同様に深刻、否、より深刻でさえありえます。単一の生産形態に結ばれた支配的ライフスタイルの強要は、生態系を改造することと同じように、有害でありうるからです」（１４５番参照）

このような観点からフランシスコは、先住民共同体と、その文化的伝統への特別な心遣いの大切さについて、「彼らは、単に数ある少数民族の中の一つであるばかりではなく、もっとも重要な対話でもあります。それは彼らの土地に影響を及ぼす大プロジェクトが提案される時は殊にそうです」。なぜなら彼らにとって、「土地は商品ではなく、むしろ神からの、またその地に眠る先祖たちからの贈り物であり、自分たちのアイデンティティと価値あるものを守り続けるために交流する必要のある聖なる空間」です。ところで、世界のあちこちで、彼らの自然や文化が、勝手に農耕や発掘のプロジェクトの対象となり、その結果彼らは故郷を離れることを余儀なくされることもあります（右同）。

3　日常生活のエコロジー

真正な発展は当然、わたしたちの日常生活の環境を考慮することなしには不可能です。したがってわたしたちは、日常生活をとりまく環境に順応しようと努力するのですが、この肝心な環境が、「乱雑な、無秩序な、あるいは、騒音と極悪さに満ちたものであるときは、そうした過剰な刺激によって、充足感や幸福感を見出すことが難しくなります」（147番）。

極度に貧困な地域では、残忍な事件や犯罪組織による搾取に怯えている人々もいます。あるいは巨大都市に隣接する不安定で過密的地域には、反社会的行動や暴力の温床になることを危惧している人々が多いかもしれません。そこで教皇は彼らに、愛に生かされた帰属感と一体感のきずなによって、エゴの壁を取り壊し、自己本位のバリアを乗り越えさせる共同体験へと転換させ、このような地域的体験が、建物や近隣地域改善のための創造的な発想となることを強く期待しています（149番参照）。

教皇はここで、世界的に深刻な住居不足の問題にも言及しています。「家をもつことは人としての尊厳や家族の成長に大いに関係して」（152番）いるからです。ここで教皇は特に、急場しのぎのスラム街についても、次のように述べています。

「貧しい人々が、不衛生なスラムや危険な集合住宅で暮らしているとき、このような人々を移住させる必要がある場合には、苦しみの上に苦しいを積み重ねないように、提供される適切な家屋の選択について、あらかじめ十分な情報が必要です。当事者たちはこのプロセスに参加しなければなりません」

しかし同時に教皇は当事者たちにも、「さびれた地域を居心地のよい土地へと組み上げていく中で、創造性が示されるべきです」（152番参照）と勧告することも忘れません。

さて最後に教皇がわたしたちに、ヒューマン・エコロジーを論じるにあって大切なことを思い起こさせています。すなわちそれは、人間の自然本性に刻まれている、尊厳ある環境の創造に欠かせない道徳法と、人間の生とのかかわりです。ここでフランシスコは、前任者ベネディクト十六世の、二〇一一年の一般謁見のことばを引用して、「人間にも、尊重すべき自然本性、ほしいままには操ることのできない自然本性がある」、と忠告しています。

V　方向転換の指針と行動の概要

教皇はこの項で、自滅の悪循環を回避する指針と行動を概観させています。共に暮らす地球の問題を解決するには、世界規模の合意が不可欠で、持続可能で多様的な農業、それに再生可能で汚染性が低いエネルギーの開発と、効果的な利用問題につながるからです。以下の考察では、本回勅の第五章「方向転換の指針と行動の概要」を、その最初の項目である「国際社会における環境に関する対話」を中心に、一括的に説明させていただきます。地球環境改善の問題解決法はもちろん、それぞれが特殊的状況下にありますから、これを限られた時間内で論じ尽すことは不可能ですから、お許し下さい。

すでに指摘しましたように、フランシスコ教皇は、この回勅『ラウダート・シ』を、地球は全人類の故郷であり、ともに暮らす一つの家族であるという確信を前提に、相互依存関係にある世界が、一定のライフスタイルや生産、消費モデルが及ぼした負の影響についても意識させるばかりではなく、世界的視野に立つ解決策をわたしたちに強く求めています。しかし、全世界に及ぶ環境と、社会の深刻な諸問題を扱う有効な方途はまだ見出されていません。真の意味で問題に立ち向かうためには、一部の国からの一面的な行動ではなく、世界的規模の合意が不可欠です。しかもそのような合意は、たとえば「持続可能で多様な農業の立案、再生可能で」、しかも「汚染性の低いエネルギー形態の開発、エネルギーのより効率的な利用の推進、海洋資源や森林資源のよりよい管理の促進、飲み水の入手の万人への保障に」（164番参照）もつながっていなければなりません。たとえば石炭や石油のような汚染性の高い化石燃料は、遅滞なく確実に置き換えられるべきだ、と教皇は提言しています。また再生可能なエネルギー源を広く利用可能にする開発のためには、世界各国の思惑もあって、わたしたちが直面している課題の緊急性に適合するほどの適切な回答は得られていません。

この点で、一九九二年にリオデジャネイロで開催された地球サミットは特筆に値する、と教皇は評価します。『環境と開発に関する宣言』を発表したからです。しかし生物多様性の保護、および砂漠化の問題に関しては有意義な進展はなく、温室効果ガスの削減では先進国の勇気と責任が十分に発揮されたと言えません。しかし国連の持続可能な開発会議（二〇一二年）は効力の乏しいものだった、と評価はあまり高くありませんでした。そこで教皇は、総括的に次のように厳しく評しています。

「生物多様性の保護、および砂漠化問題に関しては、有意義な進展があったとは到底いえません。気候変動に関する前進は、残念ながらほんのわずかでした。温室効果ガスの削減については、どこよりもまず、最大汚染源である列強国の側に、公明正大さと勇気と責任感が求められます。国連の持続可能な開発会議が公表した成果文書は、多岐にわたってい

るものの、効力のないものでした」（169番）

このように、とくに列強国側の公明正大さと、勇気と責任感の欠如の原因として教皇は、「自国優先」の態度を固持して、一歩も譲らない世界の諸大国に、「国際交渉は、地球規模の共通善よりも、自分たちの国益を優先する国々がとった立場ゆえに、有意義な進展が見られていません。わたしたちが覆い隠そうとしていることの結果によって苦しまなければならないであろう人々は、こうした良心と責任感の欠如を忘れはしないでしょう」（右同）、と強い警告を発しています。

教皇は、「この回勅の準備中でさえ、討論はとくに激化しました」、とわたしたちに公言してはばかりません。しかしそれは、わたしたちが複雑な国際問題について、一同が納得し、一致した結論に達するためには、決して避けては通れない道でもあります。しかしそこには、科学と宗教間の対話をも含む、すべての人々の、徹底的で真摯な対話が求められます。しかしわたしたちはここで諦めたり、放棄してはなりません。

だから教皇は「わたしたちが分別なく先延ばしにした結果、将来世代が苦しむようなことにならないよう、わたしたち信仰者は、現今の討議によって建設的な成果が得られるよう、神に願わずにはいられません」（右同）、と励ましています。

教皇がこの回勅で、地球環境悪化の最大の被害者として重視している人々が貧しい人々です。地球環境問題は、温室ガスを排出する先進国と、温室化の被害を受けやすい途上国の現状をよく反映しています。つまり環境悪化問題は人権問題でありますから、貧しい人々の人権が侵された場合の、教皇の対応はどうなのだろうか。ここではこの問題について考察したいと思います。

貧しい国々にとって最重要な課題は、自国の極度な貧困の撲滅と同時に、それが自国民の社会的発展の推進でもなければならない、ということです。換言すれば、このような国は、「自国民の中の特権階級の恥ずべき消費量を認識し、また、全力で腐敗と闘う必要がありますが、同時にまた、より汚染性の低いエネルギー生産形態を開発しなければなりません。しかしそのためには、進行中の地球汚染という代価を払って大きな成長を遂げた国の援助を必要とします。豊富な太陽光エネルギーを利用するには、発展途上国が技術移転や、技術支援や財源を得られるようにするメカニズムの構築や、助成金制度の設立などが必要ですが、またその設立にあたっては、その国の具体的状況を考慮しなければなりません。とは言っても、教皇はこのためのコストは、「気候変動のリスクに比べれば安価なものでしょう」と言います。しかし一つの問題を解決するためには、他の多くの諸問題がこれに複雑に絡み合っているために、解決がさらに複雑化していることは確かです（172番参照）。

このように、どれほど地球環境改善、あるいは地球温暖化について議論を重ねても、いかなる痛みも伴わないで、すべての人が納得し、諸手をあげて賛成するような解決法など、残念ながら、あまり容易には期待はできません。

「なぜそれほどの危険があるのにまだ登山に挑戦するのですか」、と問う記者に、ある有名な登山家は、「そこに高い、魅力的な山々があるからだ」、とだけ答えたそうです。

またある記者が、故（聖）マザー・テレサに、「あなたがどれだけ努力しても、この世界から貧しい人々が居なくなるようにはできないでしょうに」、と勧告すると、彼女は次のように答えています。

「おっしゃる通り、この世界から貧しい人が一人もいなくなる時は来ないかもしれません。しかしそれは世界の政治家たち仕事でしょう。わたしにそのような野心は全くありません。わたしがこうして小さな奉仕を続けているのは、今わたしの目前に、一人の極貧の人が、孤独と死の恐怖に怯えながら、臨終の瞬間を待っている、という隠せない事実があるからです」

新教皇の第一の活動方針は、世界中には、まさに赤貧洗うがごとき人々があふれていて、彼らは、せめてもう少しでも人間らしい生活を求めて喘ぎ、訴え続けています。教皇はキリストの代理者として、彼らの声なき声に耳を傾けざるを得ません。現教皇はとくに、今回わたしが利用しています回勅『ラウダート・シ』で、終始一貫、地球環境悪化の最大の被害者は、これら貧しい人々だ、と強調し続けながら、同時に考えられるあらゆる対策について論じています。しかし問題の範囲が、世界的、国際的であるために、繰り返しになりますが、誰にも大きな犠牲を負わせないで、しかも誰もが満足するような解決法はありません。しかしこうして論争を激化させている間にも、地球環境の悪化は進み、その貧しい被害者たちの苦悩はさらに激化し、両者を隔てている溝はますます深まり、わたしたちの世界は、それこそ「橋のない川」となりつつあります。

そこで教皇がわたしたちに示した解決策は、責任の問題についての論争ではなく、彼自身が実践した愛の救援でした。以下、彼が行った幾つかの事例をご紹介しましょう。いずれも日本のマスコミでも紹介されましたから、皆さんご存じだと思います。まずは、彼が貧しい人々に示していた愛の実践です。

彼は枢機卿時代、つまりブエノスアイレス教区長時代、教区内で、夜ホームレスにパンを配り、道路で共に食べながら語りあったことも珍しくなかったそうです。

新教皇としてローマに入ってからは、教皇庁内に貧しい人々への物品の分配を担当する大司教を任命し、教皇自身も彼との同行を望みましたが、治安上の問題から、これは実現されなかった、と聞いています。またローマ市内で暮らす路上生活者のための公立トイレを改修し、シャワーも各所に設置されたそうです。

わたしたちはよく、紛争や貧困を逃れて欧州をめざして大移動をする難民の姿をテレビで観ますが、彼ら難民についてフランシスコ教皇は、欧州各教会や修道会が、「難民一家族を受け入れるよう求めています。

ギリシアのレスボス島を訪れた教皇が、帰路のチャーター便で、内乱から逃れてきたシリア難民の三家族、十二人をローマに連れ帰ったことは、あまりにも有名な話ですが、後で聞くところによると、彼らは全員イスラム教徒だったそうで、ローマ到着後、難民申請を行っています。EUとトルコとの合意では、ギリシアへの不法移民、難民は、トルコに送還されることになっていて、教皇のこのような行為を、「挑発的」と批判的な声も当然聞こえます。しかし教皇フランシスコにとって、国際政治のはざまで生きる難民の人権を守ることは、自身が取り組むべき中心課題の一つなのです。

わたしたちの記憶にはまだ新しいことですが、皆さん、三年前の二〇一七年十一月十九日、カトリック教会の記念日として「貧しい人々の日」が突然制定され、驚かれた方がおられたかも知れません。もちろんこの記念日は今年も十一月十五日の「年間第三十三主日」に制定されていますし、今後も継続されるでしょう。この記念日制定の意図はもちろん、「貧しさ」は、人々に、「貧しいイエスに従う」、というカトリック的霊性を新しい召命として受け入れ、忠実に生きるよう諭すためです。そうなってこそすべての人々は、極貧の中で生きている人々に、信仰的にも深められた人格的尊厳の真価を確認させることが出来るからです。

Ⅵ　新たな国内政策と新たな地域政策のための対話

　今年は新型コロナウイルスの世界的感染の問題で、わたしたちは、今までの生活様式が大きく変わった、と言われます。新聞や雑誌を読みますと、「人間の力の限界を知らされた」、「人間は自然の前でもっと謙虚にならなければならない」、「医療関連者たちの没我的奉仕の姿に感動した」、「コロナに負けず、親切を流行させよう」など、といったタイトルの記事が、毎日のように紙面をかざっています。世界的な流行で人類を震撼させているコロナ騒動も、わたしたち人間に多くの反省すべきことを自覚させてくれました。

　教皇フランシスコは、この回勅の最終章を、「進路を改めるべき事物がたくさんありますが、とりわけ変わる必要があるのは、わたしたち人間です」、という文言から書き起こしています。

　これまでの考察からも明白なように、地球がこれほどまでに酷く破壊された責任は、他ならぬわたしたち人類にあります。神の代理者として世界を完成すべき使命を委託されている人格的存在である人間が、神の意図と期待を裏切って、地球汚染、地球崩壊の主役を演じていたのです。「地球汚染」の主役である人間が「宇宙の汚染者」、「宇宙の破壊者」

となる日も遠くないかも知れません。日本の陸上自衛隊には「宇宙作戦隊」なるものが発足し、来年度から本格的に活動するそうです。その主な任務はなんと、他国の衛星の動向や人工衛星に衝突する宇宙のごみなどを監視することだそうです。ということはこの宇宙には、すでに危険なごみが放棄されている、ということになります。

教皇はそれゆえに、わたしたち人類の共通の家であるこのすばらしい地球を、これ以上に汚したり、破壊したりしないためだけではなく、少しでも改善するために、わたしたちは何をすべきかについて、わたしたちに深い反省を促し、協力を要請しています。

1　新しいライフスタイルを目指して

また新型コロナウイルスの話になりますが、ここ数か月の間に「三密」という言葉が流行しました。すなわちわたしたちが感染力の強いし新型ウイルスの感染を避けるために、「密集」、「密閉」、「密接」を避けるように、という新しい勧告です。この「三密」は、今後のわたしたちの新しいライフスタルとなるでしょう。これは大変効果的な対コロナウイルス対策として高く評価されました。フランシスコ教皇も、地球環境悪化を改善するため対策として若干の対策を提示していますので、その中から二、三点だけでもここでご紹介しましょう。

A　購買意欲の抑制

まず大切なことは、不必要な買い物をしないことです。日本でわたしたちが何かを買うと、店員は、もちろんサービス精神からですが、買った品物を丁寧に包装し、それをまたもっと豪華な紙袋に入れて渡してくれます。人々はこの豪華な袋欲しさのために、わざわざその店に行くことさえあるそうです。このことを回勅は、「市場には、製品販売の努力の一環で極端な消費を助長するような巧みな宣伝に溢れていて、そのために人々はたやすく不必要な買い物や、浪費の渦に容易に巻き込まれてしまいます」と表現しています。こうして「人間は、合理的な生活と、規格にはまった機械製品によって、押しつけられたような格好で、習慣的事物と生活様式とを受け入れています」し、しかも人々は「そうすることが理にかなっており、正しことだと思い込んでいます」（303番参照）。

B　教育の重要さ

今日の文化的また生態学的な危機の重大さについて、重要な役割が課せられているのは教育です。環境教育は、今やその射程を大きく広げているからです。初期の環境教育は主として、「科学的情報の提供と意識の開発と、環境リスクの回避とを中心としていましたが、現在では功利主義的な考え方を土台とする近代の『神話』（個人主義、限りなき進歩、競争、消費主義、規制なき市場）批判を含みつつある」からです。これはまた、「わたしたち自身の中での調和、他者との調和、自然やいのちある他の被造物たちとの調和、そし

て神との調和」といったように、さまざまなレベルで、エコロジカルな平衡を回復しようともしています」（210番参照）

しかし、「エコロジカルな市民性」の創作を狙っているこうした教育は、時に情報提供に限定されていて、よい習慣を身に付けることができません。しかしわたしたちは、健全な諸徳を培うことによってこそ、無私でエコロジカルな献身を実行することができます。「環境上の責任についての教育はわたしたちに、直接的で多大な影響を、周囲の世界に及ぼす行動へと促すことができます」だから教皇は、ここで具体的な事例をあげて、たとえばプラスチックや紙の使用を避けること、水の使用量を減らすこと、ゴミを分別すること、食べるだけを調理すること、他に生き物を大切にすること、公共交通を利用したり、植林をすること、不要な電気を消すことなど」、その方法についても実践的に説明しています（210番参照）。

エコロジカルな教育は、学校だけではなく、メディア、カテケージス、また他の場所で、さまざまな機会に行うことができますが、教皇はとくに家庭におけるその重要性を強調しています。家庭は、教会の伝統的教えの通り、「神の贈り物である生命がふさわしく迎えられ、ふりかかる多くの攻撃から守られる場であり、真の人間的成長をもたらしつつ発展することができる場だからです。だからこそ家庭は、「死の文化」に対して、「生命の文化の中心」、と呼ばれるのです。それゆえにフランシスコ教皇は、「わたしたちはまず家庭の中で、いのちに対する愛と敬意の示し方を学び、また、物を適切に利用すること、整とんすることと、清潔にすること、地域の生態系を尊重すること、すべての被造物を気遣うことを教わります。家庭の中でわたしたちは、人格的成熟における調和のとれた成長を可能にする全人的な教育を受けるのです……」（213番参照）など、とエコロジー教育における、家庭の役割の重要性について強調しています。

2　エコロジカルな回心

教皇フランシスコは、ここで、「エコロジカルな回心」という、あまり聞き慣れない言葉を使います。「エコロジカルな回心」とはすなわち、「エコロジカルな霊性」という意味のようです。「二千年余の長い歴史を持つ」キリスト教的霊性には、人間性の刷新の力となりうる貴重な貢献が豊かに内包されているからです。わたしたちを鼓舞する霊性なしに、すなわち「個人や共同体の行動」を、刺激し、動機づけ、励まし、意味づける、内的原動力なしに、わたしたちは命をかけた生涯的奉献生活を持続させることはおろか、ましてや完成させることなどできるはずはありません。

それゆえに教皇は、「霊であるいのちは、肉体から、自然から、あるいは世の現実から切り離されることなく、それらの間で、それらとともに、わたしたちを取り巻くすべてのものとの交わりのうちにあるにもかかわらず、キリスト者は、神が教会に授けた霊的宝を、必ずしも生かし、豊かにしてきたわけではない」、と嘆かれます（２１６番参照）。だから、生態学的危機は、心からの回心への召喚状でもあるわけです。そこでフランシスコ教皇は、彼の霊的保護者であるアッシジの聖フランシスコを示唆しながら、被造界との健全なかかわりが、全人格に及ぶ回心の一面であることに気付かせてくれます。この回心によってわたしたちは、「過ち、罪、落ち度、失敗に気づき、心からの悔い改めと、変わりたいという強い望みへと導かれる」からです。

だからと言って、「各人の自己改革」だけで、今日の世界が直面している極度に複雑な状況が改善されるはずもありません。社会問題は、個人の善行の積み重ねによるばかりではなく、共同体のネットワークによって対処されなければならないからです。しかしこの仕事のためにはどうしても、「一人ひとりの自発性と、個人主義」のなかで育まれた個人の連合とが生み出すはずの力では不足です。そこにはもろもろの力の終結と、仕事の成果の統一が必要とされますが、それはあらたな態度の形成をまって初めて可能となります。こうして永続的変化をもたらすために必要なエコロジカルな回心はまた、共同体の回心でもあるわけです（２１９番参照）。

「この回心は、優しさあふれる、惜しみない気遣いの精神を培ってくれるさまざまな態度を求めます」、とも教皇は指摘します。それはまず、彼によると、「感謝の念と、見返りを求めない心を伴うものです」。それはまた、「世界は愛のこもった神の贈り物であるということと、自己犠牲と善業を通して、神の惜しみない心に倣うよう、そっと呼びかけられている、ということの認識をも含んでいます」。それはまさに、「右の手のすることを左の手に知らせてはならない。……そうすれば、隠れたことを見ておられる父が、あなたに報いてくださる」（マタ6・3－4）、という主のみ言葉を彷彿とさせます。「それはまた、わたしたちは他の被造物から切り離されているのではなく、万物のすばらしい交わりである宇宙の中で、他のものとともにはぐくまれるのだということを、愛をもって自覚すること」でもあります。

このように教え諭された後教皇は、「信仰者としてわたしたちは、御父が存在するすべてのものとわたしたちを結んでくださったきずなを意識しながら、外部からではなく内部から世界を見ます。エコロジカルな回心は、各信者がそれぞれ授かった固有の能力を伸ばすことを通して、世界の諸問題を解決し、神に『喜ばれる聖なる生けるいけにえとして』（ロマ12・1）自分をささげることができるよう、豊かな創造性と熱意を注ぎます。わたしたちは、自分たち人間が優れたものとされていることを、個人の名誉や無責任な支配の根拠としてではなく、むしろ、信仰に由来する重大な責任を伴う、他とは異なる能力として理解しています」（220番参照）、と結論しています。

教皇のこの「エコロジカルな回心」についての教えの中で、わたしが深く感動した個所は、本文221番に記されている次の文言です。

「信仰の確信は、個々の被造物が神に属する何かを映しだしており、わたしたちに届けるべき何かのメッセージを有しているという気づきと、この物質界をその身に受けたキリストは、復活した後、今なお、存在するすべてのものをご自分の愛で包み、その光をもってそれぞれの内部に入り、すべてのものに対して親密な存在でおられるという安心感とを含んでいます。そしてまた、神は、秩序とダイナニズム—人間にこれを無視する権利はありません—を書き込みながら世界を創造なさった、という認識もそこにはあります。わたしたちは、空の鳥についての『その一羽さえ、神がお忘れになるようなことはない』（ルカ12・6参照）というイエスのことばを福音書の中に見いだします。そうであるなら、どうして鳥たちを虐げたり傷つけたりすることができるでしょうか」（221番）

わたしは教皇のこの言葉を読みながら深く反省させられたことがあります。それは一九六四年、わたしが外国留学を終えて帰国し、時の長崎大司教様に帰国報告をするために伺っていた時でした。わたしたちは、旧司教館のベランダの椅子に座って雑談していたのですが、その時、一匹の蚊が飛んできて、大司教様の腕にとまりました。このような場合、皆さんはどうなさいますか。きっと大きな手で一撃なさるでしょう。ところが大司教様は何もしないで、その蚊を優しくながめながらわたしに、「この蚊も、わたしと同じように加齢のために、判断力が衰えているようだねー。判断力があるなら、若い神父さんの鮮血を吸うだろうに。可哀そうにこの蚊はそれが分からず、こうして老いぼれのわたしの血を吸っているんだよ。こう思うと、小さなこの蚊を殺す気にもなれないんだよ」、と言いながら、蚊を追い払おうともせず、そのままの状態でしばらく吸わせ、しばらくしてから、「もういいだろう。これ以上お前に吸わせるままだと、こんどはわたしが死ぬことになるから」、と言いながら、蚊を逃がしました。その時、山口大司教様はすでに、今日のエコロジカル的霊性を悟り、実践しておられたのでしょうか。今になっては知る術もありませんが、こうしてわたしが、おそらくこれまでは誰も知らなかった山口大司教様のこのようなエピソードを皆さんに話すのは、当時のわたしが、大司教様から受けた印象がそれだけ大きかったからだと思います。今わたしは、このような印象深い大司教様からのメッセージは、わたしに何を訴えているのだろうかと、時々考えることがあります。

3　地球のための祈り

すでにご紹介しましたように、新教皇フランシスコは、壮大なスケールの回勅『ラウダート・シ』の最終章では、地球環境の回復のために最大の責任を果たすべきわたしたち人間に、「祈り」の必要性を強く訴えています。それゆえにこの最終章には、彼の深い祈りの神学が凝縮されています。しかし限られた時間内で、彼の深遠な祈りの神秘神学を語り尽くすことなど、残念ながらわたしには到底できません。幸いに回勅の最後に、教皇ご自身が作られた二つの祈り、すなわち、「わたしたちの地球のための祈り」と、「被造物とともにささげるキリスト者の祈り」が収録されていますので、これら二つの祈りをここで紹介しながら、今回の拙いわたしの連続講演の結論とさせていただきます。

A　「わたしたちの地球のための祈り」

「全能の神よ、
あなたは、宇宙全体の中に、
そしてあなたの被造物のうちでもっとも小さなものの中におられます。
あなたは、存在するすべてのものを、
ご自分の優しさで包んでくださいます。
いのちと美とを守れるよう、
あなたの愛の力をわたしたちに注いでください。
誰も傷つけることなく、兄弟姉妹として生きるために、
わたしたちを平和で満たしてください。
おお、まずしき人々の神よ、
あなたの目にはかけがえのない、
この地球上で見捨てられ、忘れ去られた人々を救い出すため、
わたしたちを助けてください。
世界を貪るのではなく、守るために、
汚染や破壊ではなく、美の種を蒔くために、
わたしたちのいのちをいやしてください。

貧しい人々と地球とを犠牲にし利益だけを求める人々の、
心に触れてください。
それぞれのものの価値を見いだすこと、
驚きの心で感想すること、
あなたの無限の光に向かう旅路にあって、
すべての被造物と深く結ばれていると認めることを、
わたしたちに教えてください。
日々ともにいてくださることを、あなたに感謝します。
正義と愛と平和のために力を尽くすわたしたちを、
どうか、勇気づけてください」

B 「被造物とともにささげるキリスト者の祈り」

「父よ、
あなたが造られたすべてのものとともに、あなたをたたえます。
すべてのものは、全能のみ手から生み出されたもの。
すべてのものはあなたのもの、
あなたの現存と優しい愛に満たされています。

あなたはたたえられますように。

神の子イエスよ、
万物は、あなたによって造られました。
あなたは母マリアの胎内で形づけられ、
この地球の一部となられ、
人間のまなざしで、この世界をご覧になりました。
あなたは復活の栄光をもって、
すべての被造物の中に今日も生きておられます。
あなたはたたえられますように。

聖霊よ、あなたはその光によって、
この世界を御父の愛へと導き、
苦しみにうめく被造物に寄り添ってくださいます。
あなたはまた、わたしたちの心に住まい、
善をなすよう、わたしたちを息吹かれます。
あなたはたたえられますように。

三一の主、
無限の愛の驚くべき交わりよ、
わたしたちに教えてください。
宇宙の美しさの中で、
すべてのものがあなたについて語る場で、
あなたを感想することを。
あなたがお造りになったすべての存在にふさわしい、
賛美と感謝を呼び覚ましてください。
存在するすべてのものと深く結ばれていると感じる恵みをお与えください。

愛の神よ、
地球上のすべての被造物へのあなたの愛の道具として、
この世界でのわたしたちの役割をお示しください。
あなたに忘れられたものは何一つないからです。
無関心の罪に陥らせず、
共通善を愛し、弱い人々を支え、
わたしたちの住むこの世界を大切にできるよう、
権力や財力をもつ人々を照らしてください。

貧しい人々と地球とが叫んでいます。

おお、主よ、
すべてのいのちを守るため、
よりよい未来をひらくため、
あなたの力と光でわたしたちをとらえてください。
正義と平和と美が支配する、あなたのみ国の到来のために。
あなたはたたえられますように。
アーメン」

あとがき

二〇一九年十一月二十三日夜から、二十六日まで、日本全土は、現教皇フランシスコの日本訪問の歓迎と歓喜一色に沸きました。わたしたちは、カトリック信徒が、数的にはまだ少数なこの日本で、教皇の訪日をこれほどまでに歓迎して下さる広い心の日本の方々に、深い感謝の念を抱かざるをえませんでした。それは教皇が一つの宗教の思想にこだわることなく、全人類が願ってやまない「核なき世界平和」を叫び続けていることに同感したからでしょう。特にわが国は、世界唯一の被爆国として、「核兵器廃絶」を叫ぶ国際的使命感を自覚していることからも、「当然」といえば「当然」でしょうが、しかしこのような雰囲気にもっと興奮し、感動していたグループがありました。それは数年前から細々と講演活動を開始していたわたしたちの小さな「ミカエル会」もその一つでした。この機会にまた「連続講演会第二弾を始めよう」、ということになり、熱が冷めないうちにと、早速第一回の講演会を四月に予定し、すでに市立図書館を二、三回分予約しまして、年内に六回位は消化する予定でした。ところが皆様ご承知のように、今年は「新型コロナウイルス」流行のために予定地からのキャンセルが相次ぎ、未だに一回も開催されないまま、八月も半ばを過ぎ、いつ終息するかまったく予測だにできない状況が続いています。

他方わたしは、いつでも開催できるようにと、珍しく準備を整えていましたので、このついでに先に出版しようと決心しました。平常わたしは、先ず講演を終え、それを原稿にして一冊の書籍とするのですが、今回は逆に、講演を前提に先ず原稿を作成し、それを講演したことにして書籍にまとめました。とは言っても、本著に収められている演題のすべては、「ソーシャル・ディスタンス」や「三密禁止」など、「コロナ禍」独特の厳しい規制を守らなければならず、それでもできるだけ縮小した形式で講演会らしきことを繰り返してはきましたが、それが当初の予定通りではありませんでしたが、それでも書名のサブタイトルとしてあえて「講演集第二弾」とさせていただきました。この点については、読者の皆さんにはあえてご了承をお願いしなければなりません。

このようにしてまでわたしが本著の出版にこだわった理由は二つあります。その第一は今年が、教皇フランシスコ来日の年の一年目で、しかも被爆七十五周年にあたること、そして第二の理由として、これは全く個人的なことで恐縮なのですが、来年五月二十七日が、わたしの司祭叙階六十周年にあたることから、今は亡き両親を始め、多くの恩人や友人たちに感謝しなければならないからです。六十年にも及ぶ長い年月、わたしを励まし、助けてくださったすべての方々に、心から感謝の意を表したいと思っているからです。

感謝と言えば今回も、ミカエル会の連絡係の小畑郁男先生をはじめ、主要メンバーのお一人・草野延代先生、佐世保市のエテルナ・ワコー株式会社のご協力いただきました。また末文になりましたが、本著の出版にあたっては、出版をお勧めくださった文芸社の編成企画部の髙橋侑樹氏と、出版に至るまでの全過程でご協力いただいた文芸社の方々、とくに校正と作成に直接にご協力いただいた編集・副主任　竹内明子氏にも心からの感謝の意を表します。皆様のご協力がなかったら本著は日の目をみることもなかったでしょう。

なお聖書の引用は、原則的にフランシスコ会聖書研究会訳注『聖書』を利用させていただきました。お礼申しあげます。

二〇二〇年八月十五日　著者　山内清海

引用聖書名と略語

（旧約聖書）
『創世記』……『創』
『申命記』……『申』
『詩篇』……『詩』
『ヨブ記』……『ヨブ』
『エレミヤ書』……『エレ』

（新約聖書）
『マタイよる福音書』……『マタ』
『マルコによる福音書』……『マル』
『ルカによる福音書』……『ルカ』
『ヨハネによる福音』……『ヨハ』
『使徒言行録』……『使』
『コリントの人々への第一の手紙』……『Ⅰコリ』
『ローマの人々へ手紙』……『ロマ』

『ガラテヤの人々への手紙』……『ガラ』
『エフェソの人々への手紙』……『エフェ』
『フィリッピの人々への手紙』……『フィリ』
『テモテへの第一の手紙』……『Ｉテモ』
『ヘブライ人への手紙』……『ヘブ』
『ヤコブの手紙』……『ヤコ』
『ペトロの第一の手紙』……『Ｉペト』
『ヨハネの第一の手紙』……『Ｉヨハ』

第二バチカン公会議と教会公文書略字
『神の啓示に関する教義憲章』……『教義』
『教会憲章』……『教会』
『カトリック東方教会に関する教令』……『東方』
『教会における司教の司牧任務に関する教令』……『司教』
『キリスト教的教育に関する教令』……『教育』
『現代世界憲章』……『現憲』
『司祭の役務と生活に関する教令』……『司役』
『エキュニズムに関する教令』……『エキュ』

『キリスト教以外の諸宗教に対する教会の態度につての宣言』…『諸宗』

※なお教皇フランシスコの日本滞在中のすべての発言は、『すべてのいのちを守る』（教皇フランシスコ訪日講話集）、カトリック央協議会、に収められています。本著での引用に際しては、「訪日講話集」として、頁のみを記しています。

教皇フランシスコの「回勅」、および「使徒的勧告」

『回勅　ラウダート・シ（ともに暮らす家を大切に）』瀬本正之、吉川まみ訳、カトリック中央協議会

『回勅　信仰の光』カトリック中央協議会、司教協議会秘書研究企画訳、カトリック中央協議会

『使徒的勧告　福音の喜び』、日本カトリック新福音化委員会訳・監修

『キリストは生きている』、カトリック中央協議会事務局訳、カトリック中央協議会

『使徒的勧告　喜びに喜べ（現代世界における聖性）』カトリック中央協議会事務局訳、カトリック中央協議会

『使徒的勧告　愛のよろこび』吉池好高訳、カトリック中央協議会

著者プロフィール

山内 清海（やまうち きよみ）

カトリック長崎大司教区司祭

1935年9月28日　長崎県（現）平戸市に生まれる

1954年4月2日　福岡サン・スルピス大神学院入学

1959年5月　カナダ・モントレオール大学神学部編入

1961年5月27日　カナダ・モントレオールにて司祭叙階、カナダ・モントレオール大学神学部博士課程後期入学

1962年5月　ローマ・聖トマス大学院神学部後期編入（神学博士号取得）

1963年9月　ローマ・聖トマス大学哲学部後期入学

1964年5月　ローマ・聖トマス大学哲学部後期修了（哲学博士課程単位修得）

1964年11月　福岡サン・スルピス大神学院哲学助教授

1965年　福岡サン・スルピス大神学院哲学教授

1975年　福岡サン・スルピス大神学院院長就任

1985年　福岡サン・スルピス大神学院長退任、哲学教授就任

1989年4月　長崎佐世保市大崎カトリック教会主任、久留米信愛女子短期大学教授

1992年4月　長崎純心大学・大学院教授就任　長崎大学・長崎総合科学大学専任講師兼任

2020年12月　長崎カトリック大司教館

著書

（哲学）

『哲学』（福岡サン・スルピス大神学院）、『聖トマス・アクィナス哲学序論』（サンパウロ）、『聖トマス・アクイナス哲学入門』（サンパウロ）、『神についての思索』（聖母の騎士社）、『ヨブ記を読む』（聖母の騎士社）、『信教の自由』（サンパウロ）

（霊性）

『みことばを生きる』上・下（サンパウロ）、『神の似像の霊性』（サンパウロ）、『キリスト教人間論』（聖母の騎士社）、『キリストを生きる』（文芸社）、『わたしの魂は渇く』（文芸社）

その他

「核なき世界平和」を叫び続ける
教皇フランシスコ

2023年２月15日　初版第１刷発行

著　者　山内 清海
発行者　瓜谷 綱延
発行所　株式会社文芸社
〒160-0022　東京都新宿区新宿1－10－1
電話　03-5369-3060（代表）
03-5369-2299（販売）
印　刷　株式会社文芸社
製本所　株式会社MOTOMURA

ISBN978-4-286-29053-9